Fritz Fenz.

Der bayerische Jakobsweg

Plattling
llertau
Isar
Dingolfing
Passau
Donau
Heiligenbrunn
Grongörgen
1
2
3
4
Landshut
Moosburg
ising
Vilsbiburg
Pfarrkirchen
5
Fürstenzell
Rott
Aunham
im Rottal
nger Moos
Erding
Inn
Braunau
am Inn
Mühldorf
Altötting
Ried
im Innkreis
nchen
Burghausen
Ebersberg
Trostberg
Salzach
6
7
Frauen-
brünndl
Kreuz
Chiemsee
Traunstein
Salz-
kammergut
Rosenheim
Salzburg
Miesbach
ern-
Berchtesgaden
Kufstein
Watzmann
Saalach
Inn
H
C
I
E
Salzach
N
0
20 km
Lienz
N

Fritz Fenzl

Der bayerische Jakobsweg

Magische Orte am tausendjährigen Pilgerpfad

nymphenburger

Für meine Mutter.

Es gibt nur die Liebe, es gibt nur das Verzeihen
und das Da-Sein.
Die Liebe ist der einzige Weg,
der irgendwohin führt.

Besuchen Sie uns im Internet unter
www.nymphenburger-verlag.de

Schutzumschlag: Wolfgang Heinzel
Schutzumschlagmotiv: Gregor M. Schmid
Satz: Schaber Satz- und Datentechnik, Wels
Gesetzt aus 10,5/14 Punkt Sabon
Übersichtskarte: Kartographie & Grafik
Eckehard Radehose, Schliersee
Druck und Binden: Ueberreuter Buchproduktion, Korneuburg
Printed in Austria
ISBN 3-485-01012-X

Inhalt

Vorwort

Der Wanderer erreicht sein Ziel irgendwo auf der Welt. Der Pilger findet sein Ziel im Herzen.

Seit über tausend Jahren pilgern Menschen aus ganz Europa zum Grab des heiligen Jakobus in Santiago de Compostela. Deshalb besteht der Jakobsweg aus einem vernetzten Wegesystem. In Bayern verläuft der so genannte *camino* oder auch Sternenweg von Passau bis Lindau und magische Kraftplätze und Orte der Heilung zeugen auch heute von der besonderen Bedeutung dieser alten Pilgerroute.

»Der Pilgerweg nützt alte, auch heute noch bestehende Strukturen«, steht im Gästebrief 2003 der Erzdiözese München und Freising.

Dazu gehören der König-Ludwig-Weg, der Prälaten-Weg, der Schwäbisch-Allgäuerische Wanderweg. Auch Wanderwege der einzelnen Gemeinden werden miteinander verbunden.

Und schließlich, in Richtung Passau, ab dem herrlichen Rottal, der Europäische Pilgerweg, der Altötting,

Sammarei, Grongörgen einschließend, über Aldersbach, Niederaltaich, Deggendorf, Metten ... bis nach Worms führt.

Wer im Internet unter *Jakobsweg* sucht oder einzelne Orte wie etwa Schondorf zusammen mit dem Begriff »Jakobsweg« eingibt, der findet einzelne Wegbeschreibungen und Wanderrouten, die auf dem Weg liegen und durchaus empfehlenswert sind.

Es ließe sich so ein gesamter Urlaub oder Pilgerurlaub planen, da die einzelnen Routen in Wandertage eingeteilt sind. Diese Tipps gehen auf Einzelinitiativen zurück, auch wurde ein Teil des Weges vom ehemaligen Benediktinerabt Odilo Lechner geweiht.

Weshalb machen sich Menschen auf eine Pilgerschaft? Wahrscheinlich gibt es so viele verschiedene Motive, wie es Pilger gibt, und doch lassen sich bei den unterschiedlichen Hoffnungen und Wünschen auch Gemeinsamkeiten finden: ein tiefer Glaube und das Vertrauen, das Ungelöste im Herzen einer größeren Macht, Gott, zu übergeben.

Das Pilgern hat einen wesentlich stärkeren Anteil am Leben des Einzelnen, am Leben der Gruppe und an der lebendigen Entwicklung ganzer Völker, als uns gemeinhin bewusst ist, denn jede Pilgerschaft formt auch das kollektive Unbewusste. Was der Einzelne tut, hat Auswirkungen auf alles andere. Pilgern heißt: etwas wagen, sich einlassen auf das, was eine höhere Macht vorhat, und letztlich demütig werden. Wer sich auf eine Pilgerschaft macht, den belohnt das Leben.

Wie oft haben wir schon von den *Pilgrim Fathers* gehört, religiös motivierten Menschen, die irgendwann aus-wanderten und mit ihrer legendären Mayflower nach Amerika übersetzten ... Sie wurden ebenso fündig wie die von Moses geführten Israeliten, die sich auf den Weg durch die Wüste machten und nicht nur das Gelobte Land fanden, sondern auch eine neue Stärke durch ihre Läuterung im Glauben.

Das Leben besteht in seiner Grundidee aus Kommen und Gehen. Das Leben selbst ist ein Weg. Nicht umsonst spricht man vom Lebens-Weg. Wie sollen sich Liebende finden, wenn sie sich nicht auf den Weg machten? Jeder Same in der Erde findet seinen Weg, das Leben findet die nach ihm suchende Seele ebenso wie der Tod den Lebenden findet und mitnimmt – schließlich endet alles da, wo es anfängt.

Den tiefen Sinn des Weges kennt letztlich nur einer: Gott.

Pilgerwege sind spirituelle Wege, die das Leben und dessen Transzendenz deutlich machen. Pilger finden wieder zu sich selbst – und auf tiefere Weise hin zu Gott.

Jeder gläubige Moslem soll sich einmal im Leben auf den Weg machen nach Mekka, so schreibt es eine der fünf Säulen des Islam vor.

Das Christentum kennt traditionell drei große Wege, die zu einem Ziel führen – jenem mysteriösen Menschen-Ziel, das letztlich die eigene Seele ist.

Der eine dieser berühmten Pilgerwege führt zum Grabe Petri nach Rom. Sein Symbol ist das Kreuz. Und diese Pilger nennen sich Romfahrer.

Dann gibt es den ehrwürdigen Weg zum Grabe Christi in Jerusalem. Jene Pilger werden Palmträger genannt.

Und schließlich, heute wichtiger denn je: der Weg zum Grabe des Apostels Jakobus oder wenigstens zu seinen Reliquien, der Weg zum Sternenfeld, der Weg nach Santiago de Compostela in Spanien.

Der Pilger auf dem Jakobspfad erlebt eine sehr deutlich spürbare, im wahrsten Sinne hautnah erlebbare Welt des Unerklärlichen, Unberechenbaren, jedoch auch des Helfenden und Heilenden. Er begibt sich hinein in ein Universum aus Kraftlinien, in eine Welt, die oft an und bei Gnadenstätten liegt.

In Bayern habe ich folgende Orte von Nordost nach Südwest ausgewählt, an denen die Jakobsenergie noch heute deutlich spürbar und heilsam waltet: Passau, Heiligenbrunn, Fürstenzell, Grongörgen, Aunham,

Frauenbrünndl bei Glonn, Kreuz, München, Schäftlarn, Maisinger Schlucht, Herrsching/Andechs, Inning, Schondorf, Schatzberg/Mechtildisquelle, Raisting, Hoher Peißenberg, Schongau, Wies, Weltenhügel bei Füssen, Scheidegg, schließlich Lindau am Bodensee.

Dem aufmerksamen Leser wird angesichts einer geraden Achse Passau Lindau so mancher Schlenker nicht entgangen sein, ein kleines Abweichen von der geraden Route. Auch ein Auslassen, Hinzufügen, durchaus das Setzen spiritueller Schwerpunkte.

Ebendies ist der Sinn dieser Auswahl: sich treiben, leiten, führen lassen und wieder lernen, auf die eigene Intuition zu hören.

Ich habe zwar magische Orte auf dem heiligenden Weg ausgewählt, doch sie entdecken und die heilsame Energie spüren können nur Sie selbst.

Zeit spielt bei dem, was wir an den ausgewiesenen Punkten des Pfades erleben werden, oft gar keine Rolle mehr. Dort, wo sich Diesseits und Jenseits berühren und vermählen (das eben ist an besonderen Orten oder speziellen Rundgängen der Fall), da, wo nicht nur das Erleben der Kraft, sondern das immense Wirken der heilenden, weil heiligenden Energie spürbar wird, da gibt es »Zeit« in unserem Sinne nicht mehr.

»Zeit wird nicht mehr sein«, steht über der Himmelspforte der Wieskirche.

Wer dem Jakobspfad folgt, der kann, soll und muss über herkömmliche Vorstellungen nicht nur hinausgehen, sondern hinausdenken! Und dabei tief verstehen, dass alles so gewollt ist, wie es ist. Nichts ist Zufall. Und das Pilgern schenkt uns die Offenheit, die tiefere Bedeutung, die allem innewohnt, und die Zeichen, die das Leben uns zeigt, wieder wahrzunehmen.

Eine Brücke, die uns auf dem Jakobspfad begegnet, ist beispielsweise keine Brücke mehr, sondern etwas, was die Verbindung zweier Ufer transzendiert.

Wer seinen Blick schult und hier übt im wörtlichen und im spirituellen Sinn, der wird die Welt anders sehen und begreifen.

Wir sehen, wenn wir den bayerischen Jakobsweg gehen, die Wirklichkeit neu, nicht nur zwischen Passau und Lindau. Und wir bekommen, im Diesseits wandernd, eine andere Vorstellung vom Jenseits.

Die Kelten hätten von der Anderswelt gesprochen, ein Begriff, der hervorragend zutrifft, denn alles ist hier zu der bestimmten Zeit gleichzeitig da und eben ganz anders. Mir persönlich gefällt der Begriff der Zwischenzeit. Denn wir begeben uns zwischen das, was real und irreal ist, treten zwischen Welten des Erklärbaren und nicht mehr Erklärbaren ... und kommen immer wieder hin zum Wunder.

Der Jakobsweg ist von Wundern gesäumt. Wunder sind göttlich. Und Wunder sind ein Phänomen der Wahrnehmung: Sie sind allgegenwärtig, aber zumeist unsichtbar. Ändern wir unser Sehen, dann begreifen wir, wie wundervoll, wundervoll im ganz wörtlichen Sinne, die Welt ist. Und das Beobachten eines jeden Phänomens dieser Welt ändert das, was beobachtet wird, das zumindest ergaben neuere Erkenntnisse in der Physik. Wir agieren also wunder-fördernd.

Die Welt ist eine tägliche Neuschöpfung und geht nicht nur auf das einmalige Schöpfungswerk zurück. Der inzwischen verstorbene Benediktinerpater Frumentius sagte wörtlich: »Ist es nicht eine Ironie des Schicksals, dass die Physik jüngst den Beweis erbracht hat, dass die Elementarteilchen, also die Grundbestandteile der Materie, nur einen Bruchteil einer millionstel Sekunde existieren und ständig neu ersetzt werden durch eine Neuschöpfung?«

Warum soll die Neuschöpfung nicht heilend sein?

Es existieren viel mehr Heilungswunder als angenommen, wir sind beständig umgeben vom Wunder der Schöpfung und steten heilenden Neuschöpfungen, von wahren Wundern, die meistens nicht als solche erkannt werden. Indem wir unsere Wahrnehmung schulen, lernen wir immer mehr, die Wirklichkeit zu sehen, wie sie wirklich ist: wunder-voll.

Weil die Wahrnehmung und das Sehen so wichtig sind, finden wir überdurchschnittlich viele Augen-Wunder in allen verfügbaren Wunderberichten. Kraftorte, wie die auf dem Jakobsweg, haben dementsprechend oft mit der heilenden Kraft des Wassers, dem Reinwaschen, Spülen und Benetzen, dem materiellen und spirituellen Sehend-Machen zu tun. Besondere Bedeutung haben hier das Frauenbrünndl bei Glonn oder die geheimnisvolle Mechtildisquelle im Zauberwald auf dem Schatzberg (Iringsberg) am Ammersee. Der Jakobsweg führt immer wieder über Flüsse, an Seen oder heilende Quellen. Der bayerische beginnt am Zusammenfluss von Donau, Inn und Ilz in der Dreiflüssestadt Passau und endet am Bodensee, der gesamte *camino* am Atlantik. Zufall?

Weil gerade die Art und Weise, wie wir einen Ort erleben, so wichtig ist, liegt darin auch ein Schwerpunkt bei der Beschreibung der einzelnen Kraftplätze. Nicht das Wissen steht im Vordergrund, sondern das Wahr-Nehmen und Erspüren.

Oft gibt es erstaunlich gute Hinweise zum richtigen Handeln an einem heiligen Ort, etwa auf Täfelchen, in Beschreibungen vor Ort, wie sie Prospekte und aufliegende Faltblättchen bieten, oder auf Bildern, wie etwa auf der Himmelspforte des großen Gemäldes in Warngau.

Wichtig ist, sich dabei immer die ehrliche Frage zu stellen: Wie ändere ich meine Wahrnehmung? Wie ändere ich sie genau hier, an diesem dafür vorgesehenen magischen Ort?

Eine Hilfe, sich der Energie der Orte zu öffnen, können leichte körperliche Übungen sein: etwa das Drehen des Oberkörpers in den Hüften bei gerader, aufrechter Wirbelsäule, fest und breitbeinig auf dem Boden stehend, die Hände in die Hüften gestemmt; auch Kniebeugen öffnen Energiekanäle, je nach körperlicher Verfassung; ideal ist das Sich-auf-den-Boden-Legen, möglichst ausgestreckt. Jeder findet mit der Zeit seine eigene ideale Bewegung oder Position.

Bei fortgeschrittener Fähigkeit, die Kraft der Orte wahrzunehmen, wird der Besucher magischer Plätze gewahr, dass die Energie durch ihn selbst nach oben fließt, nämlich durch die aufrechte Wirbelsäule hindurch. Der bewusste Wundergänger spürt, dass er als Mensch die Energie der Mutter Erde und die Energie des Himmels verbindet. Er wird selbst zur Lanze des Georgsritters oder gar zum Flammenschwert des Erzengels und Gottesboten Michael – es findet ein Erwachen statt, eine Initiation.

Wir erkennen, dass nicht wir die Meister der Erde sind, sondern Gottes wunderbarem Schöpfungsplan folgen. Und nicht umsonst sind viele magische Orte und Wunderplätze der Erde nach Michael benannt: der Mont Saint-Michel in Frankreich, der Michaelsberg beim Kloster Weltenburg an der Donau, die Michaelskirche in München und unzählige andere mehr.

Wer sich als Teil der Schöpfung fühlt, für den ist es selbstverständlich, an heiligen Plätzen Ehrfurcht zu zeigen und seine Dankbarkeit durch sinnvoll-liebevolles Schmücken des Ortes auszudrücken. Zumeist findet sich sowieso durch frühere Besucher ein Steinkreis, eine Schwitzhütte aus Hölzern und Flechtwerk, ein Kreis aus Hölzern oder ähnlicher Kultschmuck. Besonders schön finde ich die Wunschbänder an Zweigen und den vielerorts auffindbaren Hexenschmuck, wie Bänder in Schwarz, Rot, Weiß, dazu Knotenwerk, Muscheln (die Muschel ist, neben ihrer urweiblichen Symbolik, auch immer ein Erkennungszeichen des Jakobsweges), Kräuterbüschel und vieles mehr. Marterl und Kapellchen lassen sich auch wunderbar mit Blumen schmücken und ehren.

Wer einen Stein aus dem vorgefundenen Kreis oder eine Blume wegnimmt (stark aufgeladen, heilend), der möge zwei Steine, Blumen, Perlen dazulegen.

Wer den Weg sucht, geht und findet, der findet Gott. Der ist wegweisend und lässt Wunder geschehen.

So können die einzelnen magischen Orte des bayerischen *camino* zu Orten der Wandlung werden, zu Orten der Transformation: im Sinne von wandern, wandeln, wenden, ändern, sich ändern.

Ich wünsche Ihnen dabei viel Freude und einen guten Weg.

1
Passau

Geheimnisvolle Welt hinter malerischen Fassaden

Passau, am Zusammenfluss von Donau, Inn und Ilz, markiert den Beginn des bayerischen Jakobsweges. Der Jakobsweg ist ein Weg der Energie und dass diese an einem Ort, an dem drei Flüsse aufeinander treffen, eine besondere ist, mag nicht weiter verwundern.

Und um es gleich zu sagen: Passau darf man so sehen oder so. So eine sicherlich banal klingende Feststellung gilt natürlich für alles auf der Welt, für Kraftorte jedoch im Besonderen. Wer nun Passau erleben will, muss sich treiben lassen in den Gässchen und Winkeln, zwischen den alten, oft sehr italienisch gehaltenen Häusern und pittoresken Fassaden. Es gibt so viel zu entdecken hinter der leuchtend-lockend sichtbaren, auch sehr einladenden Welt, die sich in südländischer, verwinkelter und verschnörkelter, stets jedoch malerischer Fassade anbietet, dass jede Beschreibung nur ein Anstoß sein kann für das eigene Erfahren. Über Kraftorte mag viel geschrieben werden, doch nur derjenige wird eine Veränderung erleben, der sich auf den Weg macht, der hinfährt, sich auf die Energie der Plätze einlässt und so im Sinne einer echten Pilgerfahrt verwandelt, geläutert wird.

In Passau ist das Christentum allgegenwärtig, seine machtvolle Entfaltung, denn von hier aus wurde der Osten christlich beeinflusst. Der Stephansdom stellt den dominantesten Punkt der Dreiflüssestadt und die wohl bedeutendste Bischofskirche des deutschen Südens dar. Der Dom wurde als Mutterkirche des katholischen Donauostens gesehen – und gar als Vorwerk Roms gegen Byzanz tituliert. Das macht deutlich, welch starke Kräfte in Passau walten und dass es gerade hier wichtig ist für einen sensiblen, feinfühligen Menschen, auch auf sich selbst und das eigene Wohlbefinden zu achten.

Vielleicht, als Einstieg in die aufregende Welt der Zwischenwelten, in die »Welt hinter der Welt«, sei aus dem Flyer »Passau – Leben an drei Flüssen« zitiert: »Passau lebt von seiner bewegten Geschichte und seiner lebendigen Gegenwart. Epochen aus vergangenen Jahrtausenden haben diese weltoffene und kulturell aktive Stadt und ihre Bewohner geprägt. Dementsprechend vielfältig ist das Angebot an sehenswerten historischen Zeugnissen, das diese Stadt aufzuweisen hat.«

Einem interessierten Touristen mag eine solche Sichtweise genügen. Für einen Pilger, der sein Herz öffnet, gibt es jedoch mehr zu erleben. Denn alles ist Schein, Fassade, Kulisse und will von dem ablenken, was wirklich wichtig ist, nicht nur wichtig, sondern heilend, erklärend und überlebensnotwendig. In diesem Sinne Passau zu erleben schult die Wahrnehmung und ist der ideale Einstieg auf dem Weg zum Sternenfeld, zum compositum stellae (Compostela).

Die Spuren der Macht und der Machtausübung sind, wie bereits erwähnt, allgegenwärtig, zu exponiert und zu wehrtechnisch ideal liegt der magische Raum (heute Altstadt) mitten im Zusammenflussbereich von Donau und Inn. Und das dunkle Flüsschen Ilz bei der Veste Niederhaus tut das seine dazu, um die fließende Energie erdig aufzuladen und nochmals zu verstärken. So hat sich eine Dreiecksform zwischen den großen Flüssen gebildet, an deren östlicher Spitze das Flussdreieck, heute Touristenattraktion und Einkaufseldorado, früher energetischer Hochfrequenzbereich war. Und es erstaunt auch nicht weiter, dass für das zweite Jahrhundert vor Christus auf diesem Altstadthügel, also genau im spitzen Dreieck des Donau-Inn-Zusammenflusses, eine keltische Siedlung nachweisbar ist. Es wird vermutet, dass hier die keltische Stadtburg Bajodurum stand und kraftvoll den Feinden und den nicht erwünschten Energien trotzte. Daraus entstand später das Römerkastell Batava, das um 477 als letzte römische Festung auf deutschem Boden aufgegeben wurde.

Keltische Kultstätten liegen allesamt auf ausgewiesenen Orten der Kraft und viele Orte des Jakobsweges sind alte keltische Kraftplätze. Derartige Anlagen der Erdkraft sind heute so hochenergetisch wirksam wie ehedem. Und immer wieder wird sich in diesem Wege-Buch zeigen, dass »der Weg« wie eine Perlenkette gesehen werden kann: ein magisches, ein keltisches, ein christliches, in jedem Falle jedoch wirksames und immer heilendes Schmuckstück, das Kraftort an Kraftort reiht.

Der Jakobsweg ist ein Energien-Weg, anders gesagt: der Weg heilender Energie. Von Passau bis Lindau zieht sich eine Schlangenlinie oder ein Drachenpfad und die einzelnen magischen Orte stehen fast immer auch in geistiger Verbindung zum Druidenwissen der Kelten. Es ist ein Wissen um Orte und um die inneren Geheimnisse des Seins, ein Geheimwissen, das ohne schriftliche Überlieferung weitergegeben wurde.

Passau als der Beginn des Weges ist erfüllt von fließender Energie, von Wasser als Träger des Lebens und aller Lebensbotschaften. Überall zeigen Pegel, wie sehr die Stadt mit dieser gewaltigen Kraft jedoch auch zu kämpfen hat und wenn man die Hochwasserstände betrachtet, wird einem bewusst, wie sensibel die Beziehung von Mensch und Natur ist. Wasser als zerstörerische Kraft und Wasser als Träger des Lebens ist allgegenwärtig.

Leben und Tod. Der Jakobsweg ist, wie jeder Weg, der auf der Suche nach Gott gegangen wird, eine sich hinziehende Frohbotschaft des Lebens. Wer ihn als wahrer Pilger zu Ende geht, wird seine Ängste im Leben überwinden. Ihm ist mehr als nur Hoffnung gegeben und dazu eine Ahnung von »Drüben« beschert.

Unser Weg durch Passau führt durch Winkel und Gassen, an Kaimauern entlang oder über malerische Treppen in Richtung Stephansdom. Dieser erhebt am höchsten Punkt der Altstadt sich kühn in den Himmel und dominiert das Stadtbild von vielen Punkten aus.

Ein Mensch, der versucht, offen und bewusst zu gehen und die Energien wahrzunehmen, die ihn umgeben, wird beim Rundgang durch die Dreiflüssestadt schnell feststellen, wie rasch hier die Energien wechseln; er wird auf dem Weg zum Dom, von Westen kommend, etwa fünfzig Meter vor dem Hauptportal eine gewaltige und kraftvolle Stelle finden. In der Interpretation von Energetikern, die ich kenne, sind die Meinungen über diesen Vortex-Punkt verschieden – ich persönlich spüre hier Kraft und Heilung, verbunden allerdings auch mit einer gewissen Irritation. Fühlen Sie selbst, wie dieser kraftvolle Energiewirbel auf Sie wirkt, nutzen Sie ihn, wenn Sie ihn als heilsam empfinden, und gehen Sie weiter, wenn Sie sich unwohl fühlen. Vertrauen Sie auf sich selbst und nehmen Sie wahr, was Ihr Körper Ihnen sagen will.

Der Passauer Dom ist ein schwingendes Phänomen, und dies im Wortsinne ... Und was sollte besser und fundamentaler die transformierende Gewalt von Schwingung und Klang lebendig machen können als eine Meister-Orgel? Mit 17774 Pfeifen und 233 klingenden Registern, dazu noch vier Glockenspielen, hebt hier die größte Kirchenorgel der Welt die sich ihr anvertrauenden Seelen empor. Hören Sie die Orgel und visualisieren Sie, wie Klänge nach oben getragen werden durch über-irdische Thermik und wie sie die reinen und bereiten Seelen mit sich ziehen und erhöhen.

Dass wir uns tatsächlich auf einem besonderen magischen Platz des Jakobsweges befinden, der als Anfangsperle der Kette gesehen werden darf, die sich durch Bayern zieht, beweist uns die Jakobus-Figur in einer der Seitenkapellen. Auf allen Stationen des Weges macht es Spaß, Jakobusse zu finden. Dieser Schutzheilige begleitet uns schließlich über Bayern hinaus bis zu seinem Grab in Santiago de Compostela, über das eine Kirche und ein Kloster erbaut wurden. Die Kraft dieses Wallfahrtsortes strahlt auch in all den Stationen, die zu ihm führen. Deshalb sind Bildnisse des Jakobus immer besondere Plätze der Kraft.

Die Energien im Inneren des Doms sind verschlüsselt und schwerer zu orten als in vergleichbaren Hochburgen der geomantischen Macht und des Wissens der Ahnen. Es ist nämlich viel leichter, in einer romanischen oder gotischen Kirche sich übersinnlich zu orientieren und orts-energetisch zurechtzufinden, auch ist es einfacher, dort die geheime und doch so deutlich lesbare Botschaft längst verstorbener und nie sterbender Meister zu lesen, da nichts irdisch Verschnörkeltes als Blendwerk dient.

Ein barocker Sinnenzauber wie im Passauer Dom verwirrt und zieht die Blicke des Betrachters zu oft dahin, wo gar nichts wirklich Wichtiges zu finden ist.

In einer ganz besonderen Buchhandlung mit Literatur, die ich sonst nirgends fand und finden werde, erfuhr ich, dass der Passauer Dom, einst Zentrum der Macht, sorgfältig versiegelt sei. Deshalb ist es im Inneren des Gotteshauses wirklich schwer, »die Stelle« zu finden: Durch das Hauptschiff nach vorn gehen, sich von der negativen Energie der gigantischen Henselmann-Figuren-Gruppe am Hauptaltar nicht ablenken lassen. Das monumentale Ensemble zeigt die Steinigung des heiligen Stephanus und die beachtliche Dynamik der Bewegungen einer wild agierenden Figurengruppe lenkt völlig ab ... für den, der nicht geübt ist.

Gehen Sie im Hauptschiff, vor dem Altarraum, etwas nach rechts, dann wieder zur Mitte und blicken Sie hoch in die Lichtkuppel (»Kapelle«), beobachten Sie Gottvater und vertrauen Sie sich ihm an. Bringen Sie zu ihm, was Sie bedrückt. Hier ist ein guter Ort, um das, was Ihr Leben schwer macht, in größere Hände zu übergeben. Tun Sie es mit der ganzen Kraft Ihres Herzens und haben Sie Vertrauen in die allumfassende Liebe Gottes.

Übung:
Sie tun »es« bereits, wenn Sie die Lichtkuppel betrachten: Kopf in den Nacken legen, sich öffnen und die Probleme vertrauensvoll in größere Hände legen. Dieselbe Übung funktioniert in Passau überall und erschließt, durch die nach oben gerichtete »Sicht«-Weise, ein wunderbares, Himmel-nahes Passau.

Welche neue Sichtweise lasse ich zu:
Nach oben schauen und tiefes Vertrauen haben, dass ich nicht alles allein machen muss, dass mir geholfen wird.

Ausgangspunkt: Ideal ist der Parkplatz bei der Nibelungenhalle. Passau verfügt über ein ausgeklügeltes Park-Leitsystem.
Länge: Wer viel mitbekommen will, einige Kilometer, auf und ab durch Gässchen und Treppen.
Anstieg: Einige Hügel. Auch der Dom liegt erhöht.
Einkehr: Viele interessante Lokale.
Anfahrt: Der schnellste Weg führt über die Autobahn München-Passau. Mir persönlich gefällt der Weg über Mühldorf, Altötting, Rottal ... Heiligenbrunn (siehe unter Heiligenbrunn) besser.

2
Heiligenbrunn

Heilendes Wasser aus den Tiefen der Erde

Um die Stelle des kühl und druckvoll aus heiligem Brunn sprudelnden Wunderwassers von Heiligenbrunn zu erfahren, einen aktiv wunderwirkenden magischen Ort, der rund um die Uhr von Wasser- und Gottsuchern gefunden und auch reichlich genutzt wird – um dieses gottgewollte Stück Erde würdig genießen und in unsere Seele aufnehmen zu können, ist es ideal, vorher die in den Himmel entrückende Klosterkirche von Fürstenzell zu betreten, falls Sie es so einrichten können.

Jener so genannte »Rottaler Dom« wird im folgenden Kapitel ausführlich beschrieben – mit gutem Grund, denn hier findet sich ein goldener (!) Jakobus, der wieder darauf hinweist, dass wir uns auf dem bayerischen Jakobsweg aufhalten.

Fürstenzell und Heiligenbrunn gehören zusammen. Orte der Kraft sind stets zweipolig, es gibt einen Sender und einen Empfänger, einen männlichen (Sender) und einen weiblichen Pol (Empfänger).

Fürstenzell mit den Doppeltürmen bildet hier den Sender und Heiligenbrunn, der Ort des fließenden Quellwassers, der aufnehmenden und gebenden Schale, der gebenden Mutter (Maria), der »heilige Brunn«, bildet den empfangenden Pol, der jedoch reichlich an Lebensenergie abgibt.

Mit viel Vorfreude verlassen wir also Fürstenzell, fahren Richtung Passau, durchqueren den kleinen Ort Jägerwirth und finden dann bald Hinweisschilder nach Heiligenbrunn. Die nun folgende, überraschend lange Fahrt über weite Wiesen, die von dichten Wäldern gesäumt sind, lässt ahnen, dass wir uns einem aktiven Ort über-quellender Erdenergie nähern.

Dann ist der Parkplatz da und die stets präsenten Wasserholer, emsige Zeitgenossen, die Tragerl, Karaffen, Container anschleppen, geben mit ihrem heiligen Ernst Kunde, dass der Quell nicht weit ist.

Ich persönlich freue mich über die immer größer werdende Beliebtheit magischer Orte, heiliger Wege und Quellen, schöpfe jedoch am liebsten das Wasser mit der hohlen Hand und visualisiere seine segensreiche Wirkung. Denn irgendein Gefühl im Innersten sagt mir, man solle diese Naturgeschenke nicht ausnützen, sondern nur hier, am Ort, kosten und die heilende Wirkung dankbar annehmen.

Wir wandern also vom Parkplatz die Birkenallee bis zur Kapelle. Rechts von uns die Wiese ist in ihrer Mitte derart energiegeladen, dass die Luft darüber zu vibrieren scheint.

Die Kapelle zur Linken, ein aus groben Steinen errichtetes, modern gestaltetes Halbrund, lassen wir zunächst ohne nähere Beachtung, denn die Quelle selbst zieht uns an wie ein Magnet.

Und tatsächlich, nun öffnet sich ein weites Tiefrondell, in dessen Mitte der Brunnen steht. Egal, wo sich hier der Besucher aufhält, die starke linksdrehende Energie ist Schwindel erregend und allerorten spürbar.

Hier an dieser Stelle des Sternenweges funktioniert alles, was zu einem besonderen Kraftort gehört: Der Boden wirkt wie elektrisiert, die Fußsohlen prickeln, die Stimmung schraubt sich nach oben wie eine Lerche im Frühling, alles wirkt euphorisierend.

Wir sehen eine nach oben geöffnete Halbkugel, also einen das quellende Wasser aufnehmenden Kreis, aus dem der die Madonna tragende Aufsatz mit vier Ecken ragt. Die Kugel des Quellbeckens steht wiederum auf einem steinernen Viereck: Kreis und Viereck inmitten eines energetischen Dreiecks – heilige Geometrie. Das Quellwasser hat hier übrigens vier Schüttungen in vier Himmelsrichtungen.

Und wir dürfen auch schmunzeln, denn dort, wo klarstes Heilwasser aus der tiefen Erde dringt, steht, wie an allen magischen Quellen Bayerns, das obligatorische Hinweisschild: »Wasserentnahme auf eigene Gefahr«. Was gesund, heilig, energetisch und umsonst (!) ist, das darf nicht ungefährlich sein. Und doch ist es so: Die wirklich wertvollen Dinge des Lebens sind umsonst. Ein heilendes Paradox.

Trinken Sie das Quellwasser aus der hohlen Hand, schlucken Sie es mit Dankbarkeit und Hingabe.

Für mich ist dieses Wasser von solch gewaltiger Aufladung, Klarheit und Heilkraft, dass es nur in kleinen Mengen angewandt sein will. Es ist ähnlich wie in der Homöopathie: Im Kleinsten ist alles enthalten und die Wirkung ist umso größer, je mehr das geistige Prinzip zum Tragen kommt und nicht die Menge.

Eine Tafel informiert, dass dieser Platz der Heilung schon um 1600 als Wallfahrtsort bekannt und beliebt war. Deshalb steht hier in erhabenen Großbuchstaben geschrieben, Heiligenbrunn sei der »seit alters wissliche Hail- u. Miraculose Brunnen«, von dessen Wasser viele Heilungswunder verbürgt sind.

Doch auch anderes ist zu berichten. Als der Gutsbesitzer Bamesreiter sich gestört fühlte, weil die vielen Quell-Pilger seine Wiesen zertraten, ließ der Gewissenlose den Brunnen zuschütten. Die Tafel an der Kapelle berichtet indes, bald sei dem unfrommen Manne alles »abgebrunnen« (abgebrannt). Brunnen zerstören und ab-brunnen. Wasser und Feuer ergänzen sich auf wunderbare Weise. Bamesreiter, der dem Brunnen und dessen Folgen entfliehen wollte und somit versuchte, das Naturgesetz zu ignorieren, wurde von ebendiesen Kräften vernichtet.

Nachdem wir von dem Heilwasser getrunken haben, setzen wir uns an die uralte Linde rechts von der Kapelle. Die Energie ist hier am wohltuendsten, bildet eine linksdrehende Spindel nach oben und ist auch äußerst heilsam. Verweilen Sie in Ruhe an diesem Ort der Wunder, nehmen Sie sich die Zeit, die Sie brauchen. Wer sucht, der findet, und an einem Ort wie Heiligenbrunn findet jeder, nicht nur das Wasser des Lebens. Der Ort ist weiblich, kraftvoll, heilend, energetisch aufgeladen, er ist bewahrend und gebend zugleich. Und die Mittel, dies zu symbolisieren oder sinnbildlich zu sagen: »Dies ist folgender Platz ... nützen Sie ihn auf folgende Weise ...«, sie variieren. Sie sind auch abhängig von jedem Einzelnen, von seiner Offenheit, Wahrnehmungsfähigkeit und vielen anderen Faktoren.

Indes, der Ort ist alt. Und sein Wasser schmeckt so rein, klar, labend und ewig jung.

Übung:
So wie das Wasser sich in vier Himmelsrichtungen ergießt, danke ich für den Umstand, hierher geführt worden zu sein – und zwar nach Osten, Süden, Norden, Westen.

Das so entstandene gleichschenkelige Kreuz, das sich in jede Richtung unendlich weit fortsetzt, visualisiere ich (stelle es mir genau vor) und verbinde es mit einem leuchtenden gedachten Ring zu einem Keltenkreuz!

Welche neue Sichtweise lasse ich zu?
Das, was uns die Religionen sagen, stimmt zwar, ist oft jedoch durch jedwede Art von Amtskirche stark normiert und dient der gedanklichen Einschränkung mehr als der wahren Freiheit, auch der Freiheit hin zu einem liebenden Schöpfergott. An diesem heilsamen Ort komme ich direkt in Kontakt mit der göttlichen Schöpfung. Ich lasse meine Zweifel hinter mir und bin voller Hingabe. Alle Fragen, die mich beschäftigen, schicke ich in alle vier Himmelsrichtungen und vertraue darauf, dass die Antworten zu mir kommen.

Ausgangspunkt: Der schön angelegte Parkplatz in respektvoller Distanz zu dem heiligen Quell-Ensemble. Der Platz bildet den Beginn einer wunderbaren Birkenallee, hin zum magischen Areal.

Länge: Ca. 500 Meter. Wer die hochenergetische Wiese begeht oder den Wald in der Nähe des Parkplatzes erschließen will, um hier die auftretende(n) Wirkung(en) zu spüren, geht entsprechend länger.
Anstieg: Keiner.
Einkehr: Nichts in unmittelbarer Nähe. Entweder zurück nach Jägerwirth (Nomen est Omen, nach Fürstenzell oder gleich nordöstlich nach Passau. Dort sind die Lokale so vielfältig und gut, dass jeder das Richtige für ihn findet.
Anfahrt: Ab München Richtung Passau (B 12), durch Mühldorf, dann Richtung Altötting, ab hier über Pfarrkirchen, Griesbach, Richtung Passau. Genau zwischen Griesbach und Passau liegt Fürstenzell. Ab Fürstenzell in der Ortsmitte nach Jägerwirth, bald kommt eine Abzweigung nach rechts Richtung Heiligenbrunn.

3
Fürstenzell

Ein goldener Jakobus und ein erhebender Lichtreigen

Fürstenzell ist für den Kraftort-Pilger ein Muss. In der zweiten Seitenkapelle, der Dreikönigskapelle, links vom Eingang befindet sich eine wunderschöne, lebensgroße goldene Jakobsfigur, Jakobus der Ältere, mit Pilgerhut, Bibel, zwei umgehängten Muscheln, mit festem Wanderstab und dazu auffallend kräftigen Wanderstiefeln.

Fürstenzell glänzt als leuchtendes Schulbeispiel für eine wahrlich aufladende Kirche: Man verlässt den Raum und das gesamte Areal stets mit besserer Laune als bei der Ankunft.

Bereits das Plateau vor der Kirche »hebt« und zieht einen förmlich in das Hauptportal hinein. Nicht umsonst steht hier über dem mächtigen Eingangstor geschrieben: »Domus Dei et Porta Coeli«.

Also das Haus Gottes und die Pforte des Himmels. Und da ist etwas Wahres dran.

Diese monumentale und doch wiederum wohlproportionierte Himmelspforte inmitten einer positive Lebenskraft abstrahlenden Fassade mit dem bewusst variierten Säulenmotiv, das sich bis in die Doppeltürme fortsetzt, dieser Anblick aktiviert das Leben selbst.

Johann Michael Fischer setzte die Proportionen so wissend, dass allein das geistige Erfassen der Hauptfassade und der heiligen Geometrie-Seligen, alles offenbarenden und gleichzeitig spielerisch-bewusst verbergenden Sprache einen Tag des Verstehens und Nachdenkens bräuchte! Belassen wir es bei der Wirkung aufs Un(ter)bewusste.

Ein neuronaler Selbstläufer (dieser Ausdruck sei ein Versuch, das hier waltende Phänomen psychologisch und sachlich darzustellen) wurde in uns aktiviert. Kurz und einfach gesagt: Lassen wir das Werk des Meisters Fischer seine Wirkung tun, ohne viel nachzudenken.

Sogar der hier erhältliche offizielle Kirchenführer für Kinder, der von der katholischen Pfarrkirchenstiftung Fürstenzell herausgegeben wurde, jubelt in einer Art und esoterisch angehauchten Weise, wie sie für katholische Kirchenführer, die zumeist nur mit Fakten, Zahlen und heiligen Legenden glänzen, ganz und gar unüblich ist: »Be-WEG-e dich zum Altarraum! Und zwar so, wie du gerade aufgelegt bist. (…) Aber sicher geht es dir wie den meisten Besuchern (…), der Altarraum zieht sie fast an wie ein Magnet.«

Für den Wissenden spiegelt das Bildmotiv einer Kirche stets die Magie des Ortes, die jeweilige Polkraft, wider. Hier ist es eine stark nach oben ziehende Kraft. Dementsprechend sehen wir die Madonna auf einem von Engeln getragenen Wolkenkranz in den Himmel empor(!)schweben. Sie reißt uns förmlich mit, unsere Gedanken und unsere Stimmung in jedem Falle.

Die unsere Sinne und unseren Geist mitreißende Aufwärtsbewegung wird durch den barocken Perspektivenwechsel noch begünstigt: Maria sehen wir von unten her, denn sie fliegt aufwärts, während das leere Grab unter ihr aus der Obersicht dargestellt wird: Wir können in die Höhlung schauen. Dieser Perspektivenwechsel schafft im Betrachter eine Art Zeitentunnel, denn um zwei Sichtweisen gleichzeitig zu haben, muss Raum und damit Zeit überwunden werden.

Dies ist der Schlüssel zu einem wesentlichen Geheimnis der Kirche, einer Zisterzienser-Gründung aus dem Jahre 1272: Die Zeiten wechseln, während wir in dem heiligenden Raume sind. Schauen Sie hinterher auf die Uhr: Da stimmt doch etwas nicht.

Dies Nach-oben-Streben in eine Anderszeit wiederholt sich in dem Jesus links über dem Gemälde, der seiner Mutter die Hand reicht, so als wolle er sie zu sich hinaufziehen. Vielleicht wird dem einen oder anderen wachen Besucher klar, wo der Himmel ist?

Gehen wir im Innern des Gotteshauses zurück zum Taufstein im hinteren Teil der Kirche: Er ist stark positiv aufgeladen von linksdrehenden Kräften. Und ganz in der Nähe befindet sich ein Michael, der den Drachen (die Erdkraft) sticht. Aha!

Derart eingestimmt, wenden auch wir den Blick nach oben – der Kirchenführer spricht zu Recht vom Himmelsblick. Erfreulich innovativ ist auch hier die Empfehlung dieser Schrift: »Lege dich doch in eine freie Kirchenbank und schau dir das Fresko an.«

Aber bitte nicht während eines Gottesdienstes.

Fürstenzell ist ein wunderbares, hebendes Spiel mit Gedankenformen und zugleich Spiel mit der liebevollen Beeinflussung solcher Denk-Energien zum Ruhme Gottes und zum Wohlergehen des suchenden und findenden Pilgers. Dies eben ist der tiefere Sinn des Jakobsweges und aller seiner Zubringerwege: die Aktivierung der religiösen Tiefenschichten, die jeder Mensch im Innersten mit sich trägt, eine besondere Form des Gottesdienstes, die von Wissenden schon vor uralter Zeit erkannt und aktiviert werden konnte.

»Der Mentalkörper ist von großer Schönheit, da ihm die Zartheit und schnelle Bewegung seiner Teilchen einen Anblick vom lebenden Lichte geben, und diese Schönheit steigert sich zu einer außerordentlich strahlenden und bezaubernden Lieblichkeit, wenn der Verstand höher entwickelt ist und sich hauptsächlich mit reinen und erhabenen Problemen beschäftigt«, so versuchte die theosophische Schrift »Gedankenformen« von Annie Besant und C. W. Leadbeater knapp nach der Jahrhundertwende das zu erklären, was dem Christen das »Heiligen-Scheinende« sein mag.

Interessant ist, wie ernst die Sorgfalt auf hebende Gedanken gehandhabt wird: »Jeder Gedanke veranlasst eine Anzahl zusammenhängender Schwingungen in der Materie dieses Körpers, der von einem wunderbaren Farbenspiele begleitet ist, ähnlich dem Sprühregen eines Wasserfalls.«

Wollen wir mit dem Gedanken an wunderbare Farbenspiele uns langsam und ohne Hast von dieser Kirche verabschieden, einem Raum unter einer himmelsfarben-explodierenden Decke, die jeden transzentiert, der je darunter stand.

Übung:
Nur dastehen, den Kopf in den Nacken legen und den christlichen, kosmischen, All-vereinenden Lichtreigen dort oben an der Decke in sich zur Wirkung kommen lassen. Nach Anweisung des Kinder-Kirchenführers, sich in eine Bank zu legen und entspannt nach oben zu schauen, wäre ideal.

Welche neue Sichtweise lasse ich zu?
Religion, Glaube, humorvolle Gotteserfahrung, all dies ist Freude und quillt über von Lebenslust. Bei allen anderen Erfahrungen (Angst!) stimmt etwas nicht.

Ausgangspunkt: Großräumiger, aber stilvoll gegliederter Parkplatz weit vor dem Hauptportal von Fürstenzell und dem strahlenden Vorplatz.
Länge: Nur einige hundert Meter. Man sollte das Innere der Kirche und den Vorplatz allerdings mehrfach und sehr bewusst durchmessen.
Anstieg: Keiner.
Einkehr: Mehrere gute Lokale (vor allem eine feine Eisdiele) in direkter Nähe.
Anfahrt: Ab München Richtung Passau (B 12), durch Mühldorf, dann Richtung Altötting, ab hier über Pfarrkirchen, Griesbach, Richtung Passau. Genau zwischen Griesbach und Passau liegt Fürstenzell.

4
Grongörgen

Fühlbare Erdkräfte am Wallfahrtsort

»Nicht etwa München leuchtet im Zentrum dieses Wegenetzes für fromme Pilger. Als Ausgangspunkt oder Ziel bietet sich vielmehr das 1200 Jahre alte Altötting an«, schreibt die *Süddeutsche Zeitung* zum Bibeljahr 2003 mit der oft gehörten Anspielung, dass in Bayern von jeder Haustür ein Pilgerweg nach Altötting hinführe.

Altötting ist durch und durch ein magischer Ort, auch wenn es als Juwel des Christlichen gilt. Denn was sonst ist eine Oktogonkirche, ein magisches Achteck also, innen schwarz, mit den Herzen der Herrscher in Silberbeschlägen?

Altötting wurde von mir bereits in dem Buch »Wunder in Bayern« ausführlich beschrieben, darum will ich an dieser Stelle nur kurz darauf eingehen. Während der Arbeiten mit einem ZDF-Team in Juni des Jahres 2003 für eine dreiteilige Serie über Wunderplätze in Deutschland und deren Wirkung auf den Menschen erforschten wir das Geheimnis des Wunderwassers vom Bruder-Konrad-Brunnen auf dem magischen Platz vor der großen Kirche in Altötting, eine Stätte der Heilung, die täglich hunderte von Pilgern anzieht.

»Das Wasser läuft an einer echten Reliquie des Heiligen vorbei, irgendwo den Blicken verborgen und unsichtbar eingemauert«, berichtete ein Kapuzinermönch, »allein diese energetische Aufladung bewirkt schon die enorme Heilkraft!«

Altötting ist für den Pilger, den Kraftort-Verbindungs-Wanderer des bayerischen Jakobsweges ein Muss und man kann über das so genannte Christliche auf dem Zentralplatz mit der achteckigen Kapelle verschiedener Meinung sein, die Heilkraft ist jedoch unumstritten, auch eindeutig beweisbar; und die alten Mirakelbücher im Kirchenarchiv stellen für mich immer wieder ein Eldorado für die erlebbare Wucht erzählten Glaubens dar.

Doch nun zur eigentlichen Station unseres Pilgerweges, zu Grongörgen.

Unsere Pilgerstätte liegt inmitten der Abstrahlung von Sammarei (Sankt Marei, also Heilige Maria), genau auf einer gedachten Linie zwischen München und Passau, ganz in der Nähe des Rottaler Bäderdreiecks Bad Birnbach, Bad Griesbach und Bad Füssing.

Grongörgen kann mit einer eigenen kleinen Pilgertour (Auto, Radl, zu Fuß; jeder findet seinen Weg und am Ziel wiederum seine eigenen Wege) verbunden werden: Uttlau, Haarbach, Bergham, St. Salvator, Reisbach, Raindling, Sammarei, Koloman, vielleicht auch das wunderbare Kloster Fürstenzell (siehe Seite 37 ff.), das nordöstlich von Grongörgen und Haarbach liegt.

In Grongörgen weist das Wort den Weg: Gron-Görgen, hier findet sich Görg, bayerisch Görgl für Georg.

Schließlich wollen wir ja auch den Weg finden, gehen, fühlend erleben. Betrachtet man das Wort Georg noch genauer, kommt man zu Geo-rg. Geometrie, Geomantie, das Wort Geo steht für Erde, Erdkraft; für Gaia, die erdige, erdende Urgöttin.

Gregor ist nur eine Buchstabenumstellung für Georg. Und tatsächlich ist die Kirche in Grongörgen einem Gregor geweiht, nämlich Gregor dem Großen.

Drachenlinien, also Kraftlinien der Erde, werden immer schon von Wissenden an der richtigen Stelle gepfählt. Das Christentum hat daraus den Kampf des Georgs-Ritters gegen die erdende Kraft des Drachens, der später mit dem Bösen gleichgesetzt wurde, gemacht. Als ob die Erde, das Weibliche, das Gebärende und Bewahrende ein Synonym für das Böse wäre!

Grongörgen ist eine solche Pfählung der Drachenlinie, denn genau auf dieser stehen wir hier. Das kommt in mehreren Symbolen der Kirche zum Ausdruck. Zum

Beispiel in den Lanzenmotiven an dem schweren Hauptportal.

Wegen dieses Drachenpfades (er verläuft heute mitten durch die Kirche, verbindet also Altar und Kapelle im hinteren Teil unter der Orgelempore) war der Fleck schon als wirkender und helfender Wallfahrtsort bekannt, bevor die Kirche stand. Und tatsächlich ist sich auch die neuere Forschung mit den dort verehrten Heiligen bis jetzt nicht einig: »Im Holzland, einem Teil des noch weitgehend in ursprünglicher Schönheit erhaltenen niederbayerischen Hügellandes nördlich von Griesbach, steht (...) die Wallfahrtskirche Grongörgen. Die Wallfahrt zu Grongörgen ist älter als die Kirche. Ob hier ursprünglich schon der heilige Gregor oder aber die heilige Korona bzw. der heilige Georg verehrt wurden, ist heute nicht mehr schlüssig zu beweisen ...« (aus: Grongörgen: Peda-Kunstführer, Passau 1991).

Gebaut wurde dieses Eldorado aktivierter Erdkräfte im Jahre 1472; die Kirche durfte also vor nicht allzu langer Zeit den 530. Geburtstag feiern.

Für mich ist die heilende Kraft außen am wirksamsten, gleich in einer Nische der Ost-Apsis, also dem nach außen geformten Altarraum.

Innen ist das wissend und weise inszenierte Spiel von aufladenden und abladenden Energien deutlich spürbar. Ich verlasse den wundersamen Raum nie ohne einen »spirituellen Dreher«; ein eigenartig schönes Gefühl, das mich immer wieder anlockt.

Geht der Besucher, sich direkt auf der Schlangenlinie bewegend, den Mittelgang entlang Richtung Westen, also entgegengesetzt zum Altar und damit unter die aus drei gotischen Spitzbogen errichtete Orgelempore, und tritt er dort durch eine niedere Tür in eine dunkle Kapelle ein, dann erfährt er sehr deutlich, was nach unten ziehende Kraft bedeutet. In jedem Falle verdüstert sich die Stimmung. Deshalb ist es besser, diesen kryptischen Ort der inneren Erdkraft nur bei guter Gemütslage zu besuchen.

Auf alle Fälle sollte danach der Altarraum unter dem hohen Spitzbogen aufgesucht werden, der zu dem lichtdurchspielten Altartempel führt: Dort ist die Energie stark nach oben ziehend und fühlbar linksdrehend wie bei einer heilenden Quelle.

Nutzen Sie die heilsame Kraft dieses Ortes. Sprechen Sie Ihre tiefsten Wünsche aus, beten Sie und vertrauen Sie auf Gott.

Was für ein besonderer Kraftplatz diese Wallfahrtskirche schon immer gewesen ist, zeigen auch verschiedene Zeichen, die sich hier finden: Keltenkreuze an den Wänden, das Maurerzeichen bei der Bauinschrift an der äußeren Ostwand, die mystische Rötelinschrift an der inneren Nordwand neben dem Eingang; vor allem der in ein Schweiß-(oder Grab-?)Tuch einbeschriebene Christuskopf über dem Tuffsteinportal der südlichen Vorhalle ... er erinnert unwillkürlich an das sagenumwobene Turiner Grabtuch.

Assoziationen an geheime Botschaften, die mit diesem Tuch zusammenhängen, Gedankenlinien vielleicht zu einem Christusbild hinführend, das etwas anders ist als gewohnt – und damit das letzte Geheimnis der Tempelritter ansprechend –, all das und noch mehr drängt sich nicht zufällig, geistig und auch körperlich erlebbar hier auf.

Übung:

An einem Ort, da die Gestalt des heiligen Georg eine so große Rolle spielt und damit das Pfählen des Drachenpfades, bilden wir selbst den Pfahl! Erwecken wir den Georg in uns – indem wir uns genau dahin stellen, wo uns das Bauchgefühl sagt: Das, genau das muss die richtige Stelle sein. Dieser Omphalos kann bei jedem anders liegen, wird jedoch wahrscheinlich in der Nähe des Turmes angesiedelt bleiben.

Legen Sie die Arme eng an den Körper und visualisieren Sie die Verbindung zum Boden. Lassen Sie dann, wunderbar geerdet, den sprichwörtlichen Draht nach oben zu. Es funktioniert.

Welche neue Sichtweise lasse ich zu?

Ich höre nicht nur auf meinen Kopf, also den Intellekt, sondern auch auf meinen Bauch. Längst ist die Nervenzellen-Vielfalt, die unsere Gedärme umgibt, schulmedizinisch nachgewiesen.

Ich sehe eine Kirche nicht mehr nur als bloße Architektur, als Postkartenblick in Bayern oder ergehe mich nicht nur geflissentlich in Fakten der Kunstgeschichte. Sondern spüre den Ort, lasse mich auf die dort waltenden Energien ein und werde wachsam für meine intuitiven Antworten. Der Ort nimmt einen mit. Immer.

Ausgangspunkt: Kleiner Parkplatz vor der Kirche von Grongörgen.
Länge: Fällt hier nicht ins Gewicht. Ein kleiner Rundgang oder Spaziergang in der näheren Gegend ist allerdings empfehlenswert. Dauer: nach Laune.
Anstieg: Keiner.
Einkehr: Am sichersten: bis Bad Birnbach. Hier viele wunderbare Lokale.
Anfahrt: München Richtung Passau (B 12), durch Mühldorf, dann Richtung Altötting, ab hier nach Neuötting, Eggenfelden, Pfarrkirchen, Birnbach; hier Richtung Vilshofen, kurz vor Haarbach nach Grongörgen.
Noch ein Tipp: Der Besuch lässt sich mit vielen herrlichen Marien-Wallfahrtskirchen, die hier im Umfeld von Altötting gedeihen und heilend wirken, verbinden.

5
Aunham im Rottal

Ein Jakobusfresko schenkt Lebensenergie

Der Jakobsweg ist durchaus nicht eine offizielle, von höherer Stelle festgesetzte Route, sondern er wartet stets auf seine Neu-Entdeckung, Generation für Generation.

Oft ist die Sprache, mit der dieser *camino* sich zu erkennen gibt, laut und deutlich, oft sehr leise. So wie hier.

Wie oft habe ich schon die kleine Kirche von Aunham besucht, da sie, ganz in der Nähe von Bad Birnbach mitten im Rottal gelegen, ein lohnendes Wanderziel darstellt. Und wie oft habe ich mich über die eigenartig starke anziehende Kraft an der nördlichen Wand dieser Kirche gewundert.

Das Gotteshaus ist Johannes dem Täufer geweiht, sein Feiertag ist der 24. Juni, der Tag der Sommersonnenwende. Das Altarblatt, das die Enthauptung des Bußpredigers zeigt, fällt durch eine dunkel-magische Darstellungsweise des bereits geköpften Eingeweihten und des gesamten die Hinrichtung umgebenden Szenarios auf. Während der kopflose Heilige am Boden kauert, bildet das abgeschlagene Haupt des großen Vordenkers von Jesus Christus die zentrale Bildmitte dieses christlichen (!) Motives.

Die Kirche liegt am Fuße des Wanderweges 7, der direkt zu der Aunhamer Nekropole führt, der schönsten Hügelgräberanlage, die ich in Bayern kenne. Da ich diesen klassischen magischen Ort bereits in »Keltenkulte in Bayern« geschildert habe, wiederhole ich mich jetzt nicht. Es fällt hier jedoch auf, dass viele wichtige Stationen des bayerischen Jakobsweges in unmittelbarer Umgebung von keltischen Hügelgräbern liegen. Alles hängt zusammen – vielleicht weil die, die es wissen, immer schon dieselben Energien aufgesucht und genutzt haben?

Wir parken direkt vor der Kirche, an der Nordwand. Die Spitzbogentüre lockt im gleichen Maße, wie sie warnt: Vorsicht, du erlebst hier vielleicht mehr als das, was du mit deinem Verstand begreifen kannst.

Unmittelbar in der Nähe dieser gotischen Tortüre stehen drei Birken im Dreieck. Stellen wir uns in die Mitte, um uns einzuschwingen.

Innen im Gotteshaus erwartet uns zu jeder Tageszeit, auch wenn hell die Sonne scheint, eine auffallende Düsternis. Das Kreuztonnengewölbe und die dunklen Sitzreihen, dazu die sehr niedere Brüstung der Orgelempore und überhaupt ein bei jedem Besuch gleich abgestandener, alt modernder Geruch schaffen keine freudige, aber eine spannende Atmosphäre. Dazu gesellt sich das bereits erwähnte seltsame Hinrichtungsbild an einem Altar, der doch freudig zu Gott erheben sollte.

Johannes wird, in einem Bild über jener drastisch gemalten Hinrichtung, in seiner vitalen und so positiven Eigenschaft als Täufer dargestellt. Doch diese wichtige, energiegeladene positive Sichtweise des Täufers scheint hier wesentlich unbedeutender zu sein als sein gewaltsamer Tod. Denken wir an Christus: Welch breiten Raum nimmt die Kreuzigung ein gegenüber der Geburt, der Leben spendenden Mutter Maria oder seinem so kraftstrotzenden, vitalen und erfüllten Predigerleben!

Links an der Wand, also an der Nordseite, entdecken wir drei freigelegte, sichtlich sehr alte Fresken. Sie zeigen uns drei Gestalten, offensichtlich Heilige. Und die linke Figur stellt Jakobus dar.

Auch die Inschrift bestätigt: »Jakobus, der Ältere + Ostern 44 in Jerusalem.« Attribute: Pilger, Pilgermuschel, Wasserflasche, Pilgerstab.

Was der karge Text nicht bringt: Jakobus trägt auch noch einen vor der Sonne schützenden Pilgerhut und ein wallendes, luftiges Gewand.

Neben Jakobus sind noch Adalbert und Erasmus dargestellt.

Man muss, um vor diesen Fresken stehen zu können, über ein gespanntes Seil steigen, das mit dem Hinweis »Alarmanlage« versehen ist. Dies soll keineswegs Anweisung sein, solche Hinweise zu missachten, es fällt allerdings auf, dass in dieser Kirche keine besonderen Werte zu sein scheinen – bis auf ebendieses freigelegte Jakobusfresko.

Jakob als Pilger, Jakob auf dem Weg. – Zufall?

Die Wand strahlt an dieser Stelle eine deutliche Wärme ab, trotz der sonst in dem Kirchenraum herrschenden Kühle. Wer hier steht und nachspürt, fühlt Lebensenergie.

Eine auffallend rechtsdrehende Energie beherrscht die Kirche, die auf der dunklen Treppe zur hinteren Empore noch zunimmt. Nur genau da, wo der wandernde Jakobus auf-scheint, sind linksdrehende Kräfte wahrnehmbar, wie bei Leben spendenden Quellen. Und das ist es: Wir stehen hier auf der linken, also der weiblichen Seite des Kirchenraumes und genau auf einer Wasser- und zugleich Lebensader!

Übung:

Der als Fresko gemalte Jakobus ist nicht zu sehen, wenn nicht ein Seil überstiegen wird. Machen wir das bewusst bei einer Wanderung nach dem Besuch der Kirche auf der mit vielen Weiden bewachsenen hochenergetischen Ebene des Rottales: Beine bewusst anheben und über ein gedachtes Hindernis schreiten.

Welche neue Sichtweise lasse ich zu?
Wie lange war das Jakobusfresko versteckt, bis es freigelegt wurde?

Welcher Johannes wird uns hier aufgedrängt und warum? Was wissen wir von der gnostischen Vorläufer-Sekte des weltumspannenden Denkens, das in das heutige Christentum mündete? Es gibt immer eine Welt hinter der Welt. Sehen wir sie. Der kopflose Johannes hält die Augen geschlossen, der Leben spendende Täufer offen.

Ausgangspunkt: Der kleine Parkplatz vor der Kirche bei den Appartements »Johanneshof«.
Länge: Fällt hier nicht ins Gewicht. Allerdings sollte die wunderbare, mit vielen Weiden bewachsene hochenergetische Ebene nach Süden hin sehr bewusst begangen werden.
Anstieg: Keiner.
Einkehr: Viele gute Lokale in Birnbach und Umgebung. Etwa »Rottaler Stub'n«.
Anfahrt: München Richtung Passau (B 12), durch Mühldorf, dann Richtung Altötting, ab hier nach Neuötting, Eggenfelden, Pfarrkirchen. Bei der Abzweigung nach Bad Birnbach kommt zuerst Aunham.

6
Frauenbrünndl bei Glonn

Die fließende Energie der Heilung

Wenn wir mit dem Auto von Glonn kommen, finden wir bald eine Abzweigung nach rechts. Nicht lange danach stehen wir an der Wegegabelung mit dem einfachen Schild: Piusheim-Frauenbrünndl.

Vom Parkplatz aus empfiehlt sich der kurze Weg durch einen gesunden Wald, der den Berghang säumt. Dann tut sich plötzlich ein Bild auf, himmlisch schön und doch von dieser Erde. Die still am Ausläufer eines steilen Hanges und gleichzeitig zu Füßen der satten Wiese liegende Kapelle mit dem stets sprudelnden Quell: einer sicht- und hörbaren Quelle des Lebens, dem Quell des Glaubens und Ursprung der Lebensfreude. Vor allem aber: Hier entspringt mit dem klaren Wasser, wie es aus dem Schoß des Berges dringt, ein Geheimnis der Wunderheilung.

Und das Geheimnis heißt Glaube. Glaube und Hingabe.

Dass die Menschen nicht nur der näheren Umgebung an die wirkende Wunderkraft des Wassers glauben, ist unschwer zu erkennen: Vergeht doch, von früh bis spät, kaum eine Viertelstunde, in der nicht ein mit Flaschen und Kanistern beladener Quellschöpfer daherkäme, sich am plätschernden Brunn niederknien und tüchtig seine mitgeschleppten Behältnisse füllen würde. Auf die Frage: »Was ist an diesem Wasser Besonderes?« bekommt man eigenartig abwehrende Antworten, anders als an vergleichbaren Quellen, wie etwa dem Ulrichsbrünnlein bei Eresing oder dem Hexenquell im Mühltal, ganz in der Nähe des Grabes der Seherin.

Man muss sich an der Westseite des Kirchleins tief bücken, um das kühle, klare Wasser zu schöpfen, wo es mit deutlich spürbarem Druck aus der Tiefe der Erde dringt.

Wie zumeist an solchen Stellen ist linksdrehende Energie feststellbar, vor allem im ganzen vorderen südwestlichen Teil der Wiese vor der Kirche, zu dem Bächlein hin, dem friedlich dahinfließenden Wasser, das deutlich die Grenze zum Kraftfeld der Kapelle markiert. Eine Besonderheit, die mich irritierte: Das Wasser selbst ist energiemäßig an der Stelle des Entspringens nicht definierbar, ein eigenartiger Ausgleich von links- und rechtsdrehender Kraft.

Was dieses kühle, klare Nass dennoch auszeichnet: Es weckt den Glauben und damit erlangt es Heilkraft.

Wer sich im Erkennen von Erdkräften auskennt, wird die steinerne Nagelfluh-Stele an der hinteren, nördlichen Seite der Kirche zu finden wissen. Gekonnt ist hier die Erdkraft gepfählt, übrigens genau an der richtigen Stelle.

Und eine Inschrift gibt genaue Auskunft: »Nach einer alten Geschichtsquelle war das wundertätige Bild unserer Frau über dem Brunnen schon im 17. Jahrhundert sehr besucht …«

Das könnte ein deutlicher Hinweis auf traditionelle Pilgerströme sein. Stehen wir hier an einer der interessanten »Außenstationen« des uralten Jakobsweges?

Und weiter erfahren wir: »Seit der Pestzeit 1635 hatten sich die Bergangerer verlobt (das heißt: die Leute, die hier am Wiesengrund nahe des Hanges wohnten, hatten ein Gelöbnis ausgesprochen), alle Jahre an Peter und Paul einen Bittgang hierher zu halten. Sie erhofften sich Trost und Beistand.«

An anderer Stelle erfahren wir, die kleine, inzwischen bestehende Kapelle sei 1712 erweitert worden, damals zum Kloster Beyharting gehörend. Dem Marienverehrer Propst Ignatius von Schliersee habe man all dies zu verdanken.

Schließlich wurde im Jahre 1866 der Brunnen gefasst, im Marianischen Jubeljahr hat man die Quelle erweitert und wiederum neu gefasst …

Doch machen wir uns auch hier auf, die Welt hinter der Welt zu sehen.

Die Nagelfluh-Stele selbst ist die wichtigste und greifbarste Information: Wo steht sie? Wie fühlt sie sich an?

Ich persönlich finde den tief liegenden, sehr erdigen Platz geeignet, Sorgen hier zu lassen und sich dann mit dem sprudelnden Wasser (rituell) zu reinigen.

Knien Sie nieder vor dem heiligen Wasser, waschen Sie sich die Augen – und die Augen werden Ihnen aufgehen!

Begehen Sie das Terrain, beschreiten Sie mit heiliger Andacht die im wahrsten Sinne feuchte Wiese vor der Kirche, steigen Sie den Hang an der Rückwand des Kapellchens hoch, dort, wo die Apsis ist. Fühlen Sie nicht Dankbarkeit in sich, an einem so heilsamen Ort zu sein? Halten Sie immer wieder inne, beten Sie und wiederholen Sie das Ritual der Reinigung, wenn negative Gedanken in Ihnen aufsteigen. Löschen Sie den Durst des Lebens und versuchen Sie, einfach ganz da zu sein.

Die Energie im Inneren der Kirche ist neutral, ebenfalls abladend. Interessant sind die Muscheln in der Höhlung eines Fensters. Sie lassen auf wissende Frauen schließen, die nicht nur nehmen, sondern genau im Bilde sind, wie man dem Ort energetisch zu danken hat.

Die Muschel ist auch das Symbol des Jakobsweges. Sie wurde von Pilgern zum Wasserschöpfen benutzt. Am Hutband des Pilgerhutes getragen, war sie zugleich Erkennungszeichen. Sie bei einer Quelle mit heilendem Wasser zu finden ist sicherlich kein Zufall.

Ein Schmankerl für Energie-Feinschmecker ist noch das kleine Wiesendreieck zwischen drei hohen Birken im Süden der Kirche. Die Besucher scheinen den Platz in eigenartiger Weise zu meiden. Hier in der Nähe, etwas in den Hang eingelassen, findet sich eine Sitzbank. Ruhen wir aus, schöpfen wir Kraft und sehen wir mit innerem Lächeln den Schriftzug neben dem Eingang der Kirche, also der Südseite: »Ein guter Christ kann nicht verderben: Er nimmt auf jeden Schritt und Tritt. Er nimmt im Leben und im Sterben die Mutter in Maria mit.«

Übung:
Das Trinken aus der Quelle, auch das Schöpfen von Wasser, egal mit welchen Hilfsmitteln, zwingt zum Niederknien. Da es keine Zufälle gibt und geben kann, ist dies die richtige Übung: knien, Andacht, Ehrfurcht zeigen.

Welche neue Sichtweise lasse ich zu?
Ich mache mir bewusst, dass dieser stets sprudelnde, stets gebende und sich verschenkende Quell nicht selbst-

verständlich ist. Also übe ich die Sichtweise des dankbaren Annehmens. Gut ist es, vorher die Augen zu waschen. Ein Quell ist stets für die Augen und das Augenlicht Heil bringend. Nämlich für das neue Sehen, für das dankbare Sehen der Schöpfung und der gebenden Liebe Gottes.

Ausgangspunkt: Der kleine Parkplatz vor dem Waldweg, bald nach der Abfahrt Piusheim/Frauenbrünndl.
Länge: Hin und zurück etwa ein halber Kilometer, es empfehlen sich aber weitere Wege im üppig bewachsenen Wiesental.
Anstieg: Keiner.
Einkehr: Wernerwirt (»Schnitzelwirt«) kurz vor Aying oder Aying selbst mit dem berühmten Biergarten.
Anfahrt: Ab München Autobahn Salzburg, Abfahrt Hofolding, dann durch Aying Richtung Glonn, durch Glonn durch, immer auf der Hauptstraße bleiben (Richtung Grafing), an den Hermannsdorfer Werkstätten vorbei, bei Westerndorf kommt die Abzweigung Frauenbrünndl/Piusheim.

7
Kreuz

Eine magische, wunderwirksame Steinplatte

Mich persönlich zieht die kleine Häusergemeinschaft Kreuz – es sind nicht mehr als fünf Höfe in der näheren Umgebung der Kirche – seit Jahren wie magisch an.

Kreuz verdient den Namen mehrfach: Hier kreuzt sich die Energielinie, die auch durch Frauenbrünndl und damit entlang einer kräftigen, heilenden Wasserader führt, mit einer weiteren im spitzen Winkel dazu stehenden Drachenlinie, die quer durch den Chiemgau verläuft und den so genannten »Saurüssel«, also das von Wissenden meist empfohlene Überlebensterrain zwischen Salzach und Inn, durchmisst.

Die Kirche von Kreuz, auf der kleinen Erhebung, die auch schon den ganzen Weiler ausmacht, hat es in sich. Wir begehen das Feld vorsichtig und andächtig, denn von so viel Kraft der Erde kann leicht ein Kater folgen. Erdkraft ist oft berauschend.

Bei meinem dritten oder vierten Besuch hier fragte ich im Bauernhof nördlich des Hügels, was es denn mit der geheimnisvollen Steinplatte, die links vom Eingang des Gotteshauses eingelassen ist, auf sich habe?

Ich hatte Glück, denn die Großmutter wurde gerufen.

»Wieder einer, der es spürt und sich danach erkundigt«, sagte sie und musterte mich durchaus freundlich.

Dann erfuhr ich, dass von Zeit zu Zeit Einzelpersonen hierher kommen und einen ganz bestimmten Punkt vermessen. Dieser hochenergetische und dynamische Erdpunkt liegt im südlichen Teil des Friedhofes, er ist schwer zu beschreiben, doch man spürt ihn deutlich.

Die Kirche selbst steht einladend und äußerst malerisch auf der kleinen Erhebung, die ich für einen keltischen Weltenhügel halte. Unmittelbar nach dem Eintreten findet man sich in einem klassischen abladenden Vorraum, der uns hinter Gittern angeordnete Menschenknochen zeigt. Jede Kirche ist auf ihre Art eine Einweihung, führt vom Dunkel, vom Totenreich zum Licht. Man muss es nur wissen und Gedanken, Seele und Geist von dem führen lassen, was der Baumeister so trefflich hat Wirklichkeit werden lassen.

Auf dem Jakobspfad sind solche meisterhaften Bauwerke aufgereiht wie an einer Perlenkette – man denke nur an die einmalige Rundtempel-Kirche von Eunate in der Region Navarra.

Doch zurück nach Kreuz und der bereits erwähnten Steinplatte, die links vom Eingang in die Wand eingelassen ist. Es fällt sofort auf, dass diese etwa zwei Meter hohe Platte elektrostatisch geladen ist, dass sie sehr stark abstrahlt und dass in ihrer Mitte, in der Vertikalen von oben nach unten, eine schwertähnliche, natürlich dem Stein eingewachsene magische Linie verläuft: eine wahrhaft magische Platte, die wunderwirksam ist.

Denn diese Ader aus schimmerndem, von Kristallen durchwachsenem Quarzstein ragt erhaben aus der Platte, ist damit also mit den Händen greifbar. Aber was für eine Ausstrahlung!

Haben wir es hier mit dem echten Gralsschwert zu tun und nur wenige fühlen, spüren es?

Die Vermutung bestätigt sich, denn das Rundmuster im untern Bereich des Steines erinnert an die so genannte Fischblase, ein Symbol aus zwei Kreissegmenten – das sich bei näherem Hinschauen als Malteserkreuz entpuppt. Und tatsächlich spricht die Oma vom Bauernhof auch von Malteserrittern, die mit der Kirche und dem magischen Ort in Verbindung stünden.

Dass es mit der Symbolik auf diesem besonderen Stein etwas Spezielles auf sich hat und die magischen Muster nicht nur historisch bedingt sind, sondern auf eine Welt hinter der Welt hinweisen, das erfahren wir, wenn wir den oberen Kreis, der erhaben aus der Platte herausgearbeitet ist, betrachten: drei Lindenblätter im Dreieck angeordnet – die Anwohner sprechen von Lindenblättern, ich selbst hätte es für drei Lilien gehalten. Es handelt sich um das Wappen von Niederseeon. Seeon inmitten der Eggstätter Seenplatte steht wiederum mit dem Kraftort-Rautenmuster Bayerns in Verbindung. Alle magischen Orte Bayerns, damit zumeist auch die Wunderstätten, liegen auf den Kreuzungspunkten des so genannten Gitternetzes von Kraftlinien. Verbindet man diese Linien, dann ergibt sich exakt das Rautenmuster. Die altvertraute bayerische Raute ist damit also ein Einweihungs- und Herrschaftszeichen.

Die Kirche von Kreuz wurde im Jahre 1268 erbaut und in die alte Mauer eingelassene Platte dürfte auf diese Zeit zurückgehen.

Da die Energie dieses magischen, von wissender Hand bearbeiteten Steines interessant, aber recht okkult ist, erneuern wir unsere Aura positiv, indem wir in die Kirche gehen und den lieblichen Marienaltar betrachten. Er ist sehr rein, hat jedoch wenig Abstrahlung.

Beenden sollten wir unseren Besuch von Kreuz – beim Kreuz. Denn an der südlichen Mauer des Gotteshauses befindet sich ein Holzkreuz mit auffallend starker, positiver und heilender Energie.

Wir sollten dieses Kreuz anfassen. Die richtigen Gedanken stellen sich von allein ein. Gedanken des Heilens und der Liebe.

Übung:
An einem Ort, der Kreuz heißt, strecken wir die Arme weit vom Körper, sodass sie eine Horizontale bilden, die waagerecht unter dem Kopf durch die obere Brust verläuft.

Welche neue Sichtweise lasse ich zu?
Aus der kreuzförmigen Körperstellung wird klar: Beim Gedanken an das Kreuz wird viel zu oft die Grausamkeit und der Tod verherrlicht (jeder wiederholte Gedanke kommt einer Verherrlichung gleich). Sollten wir nicht öfter an die wunderbare Botschaft des Gottessohnes denken, an seine selbstlose Art zu heilen und zu helfen, und an seine Mutter, die Gottesgebärerin, die im Innern der Kirche angebetet wird? Lebensbejahung statt Lebensverneinung. Geburt statt Tod.

Ausgangspunkt: Die weiträumige Wiese, die sich als hufeisenförmiger Hügel um den vorderen Teil der Kirche hinzieht.
Länge: Einige hundert Meter nur. Es empfiehlt sich aber ein Spaziergang in den nahen Wald. Viele Überraschungen.
Anstieg: Fällt nicht ins Gewicht.

Einkehr: Zurück nach Aying, Biergarten oder bei kühlerem Wetter die berühmte Wirtschaft.
Anfahrt: Ab München Autobahn Salzburg, Abfahrt Hofolding, dann durch Aying, Egmating, Richtung Glonn. Kurz nach dem Kastenseeoner See kommt die Abzweigung rechts nach Kreuz.

8
München

Nymphenburg als Garten der Einweihung

Hinter allem, was sichtbar ist, steckt eine geistige Welt, die das Sichtbare erst zu dem macht, was es ist.

Und auf jeder Station des Jakobusweges, egal, wo wir uns auf diesem wahrhaft magischen Pfad befinden, ist nichts zufällig und alles bedeutet für den, der den Weg zu gehen bereit ist, eine Einweihung. So ist es auch in München, der »Stadt der Lebensfreude«, der »Stadt mit Herz«.

Lebensfreude ist immer ein Teil des Lebens und Leben hat geistige Wurzeln, auch wenn alles getan wird, dies zu verleugnen.

Machen wir uns diese geistige Dimension bewusst – und die Augen werden uns aufgehen. Denn München liegt am bayerischen Jakobspfad, das heißt: Diese tausendjährige Linie der Erkenntnis führt mitten hindurch.

Wählen wir aus dem vielen, das München böte ... zunächst natürlich eine Jakobskirche: den Ort der Armen

Schulschwestern am Anger. Denn, so schreibt der Gästebrief, den das erzbischöfliche Ordinariat für den Sommer des besonderen Jahres 2003 herausgegeben hat:

»Der Anger ist von Anfang an mit dem heiligen Jakobus eng verbunden. Schon die Franziskaner betreuten die Pilger, die hier an der Jakobuskapelle Rast machten, auf ihrer Wallfahrt nach Santiago de Compostela in Spanien. Die Armen Schulschwestern v.U.L.Fr. (d.h. von unserer Lieben Frau) setzten die Jakobus-Verehrung fort ...« – Da die Kirche jedoch im Krieg zerstört worden ist, gibt der neuere Bau nicht so viel her.

Deshalb gehen wir weiter zu dem Ort, an dem der Weg das Ziel ist, ganz im Sinne einer echten Pilgerschaft, dorthin, wo ein kabbalistischer Baum ein Gartenkonzept bestimmt, zu einer axis mundi, dem Weg am Weg: nach Nymphenburg.

Selbstverständlich sollte der Jakobs-Jünger den Nymphenburger Schlosspark immer und immer wieder durchmessen, durchschreiten, durchdenken und sich dabei vom Park durchwirken lassen, denn solche bewusst angelegten Kraftfelder sind aktiv, wirken, bewirken und nehmen einen mit in wunderbarste Welten.

Ich selbst kann mir keine Woche in meinem Leben vorstellen, in der ich in München war und den Park nicht gesehen habe. Und das seit der Kindheit.

Vielleicht durfte ich hier wie eine Offenbarung erfahren, was es bedeutet, an der richtigen Stelle zu stehen, Wege, Plätze und Bilder der Landschaft als »natürliches Landschaftsbild« unvermutet auftauchen zu sehen und als gewollte Einweihung erleben zu dürfen.

Wählen wir zunächst die Hauptachse: Sie verläuft genau in Ost-West-Richtung und besteht aus zwei parallelen Alleen, einer nördlichen und einer südlichen, die den Kanal säumen, denn diese wahrhaft magische Achse der Welt (axis mundi!) entspricht einer geraden Energielinie vom Nymphenburger Schloss nach Schleißheim. Danach gehen wir zum Apollo-Tempel und schließlich, da nichts sicherer und heilsamer ist als ein christliches Element, zur Magdalenenklause.

Treten wir zunächst durch den Rundbogen vom äußeren Schlossrondell in den Park, jenen Rundbogen, der den Seitentrakt des Schlosses öffnet: Für uns geschieht diese Öffnung, wenn wir selbst uns öffnen; erleben wir den Eingang als Fokus einer beeindruckenden Innenwelt und – Weltenschau.

Wie in einer Kirche, sind wir doch hier im wahren Naturdom. Wir gehen einfach und lassen »es« gehen, bis vor zur Kaskade und können dann, bei den wabernden Wassern, gereinigt vom Gehen, Neues zulassen.

Das Formale des Barockgartens hier im Mittelteil des Parks eignet sich hervorragend, um die Hauptenergie-Linie zu zeichnen, denn auch diese verläuft kerzengerade.

Nach der Kaskade gehen wir die südliche Allee Richtung Osten ein Stück zurück, dann rechts und schon baut der Apollo-Tempel sich vor uns auf. Skell, der maßgebliche Gartenarchitekt, schuf hier bewusst das energetisch genial gelegte Inselchen im See der Badenburg; der Rundtempel Leo von Klenzes nimmt die Energien der gesamten Umgebung auf und ist an gelungener und stets sich selbst verstärkender Formresonanz nicht zu überbieten. Ein Geheimnis des Jakobsweges wird hier offensichtlich: Kein Zufall ist zufällig, jede Architektur birgt ein Geheimnis, das sich dem Suchenden willig öffnet.

Über Nymphenburg gibt es viel Kunstgeschichtliches zu sagen, doch ersetzt dies das Selber-Gehen?

Und Energien erfährt man nur, wenn man an der betreffenden Stelle steht. Doch dann öffnen sich Schleusen der Selbsterkenntnis!

Der Zauberpark war ursprünglich als fürstlicher Lustgarten gedacht. Das Geschenk des Kurfürsten aus Anlass der Geburt des Kurprinzen Max Emanuel, ein maison de plaisance, dem entstehenden Leben gewidmet, es weitete sich mehr und mehr aus.

Um 1715 entstand der große, von der Würm abgezweigte Kanal, der dann um 1730 sein Gegenstück in dem Kanal auf der Stadtseite erhielt … vielleicht noch ein großer Name unter vielen: Effner, der den Entwurf der Kaskade lieferte. Weilen Sie hier länger als nötig, es lohnt sich: Durch die klärenden Energieformen fühlt sich der Besucher zentriert und aufgeräumt. Das ist ideal für geistige Neuerung und positive Gedanken. Oder neue Ideen der Lebensgestaltung!

Denken Sie an das innere Geheimnis des Jakobsweges: Nichts ist Zufall, jede Architektur bedeutet einen Weg ins eigene Innere: Wasserfall, Stufen, glatte Wasserflächen, Säulen aus Wasser …

Wer das spirituelle Grundkonzept des Parks lieferte, steht nicht in der Literatur. Der Park folgt jedoch genau dem kabbalistischen Einweihungsschema. Vergleichen Sie den Grundriss mit dem Baum der Erkenntnis und den Pfaden: Die Wasserkaskade entspräche dann Kether, ganz nahe beim Urgedanken der Schöpfung!

Wir wählen, nach Mittelachse und Kaskade, den Weg zurück, wenden uns beim Zugehen aufs Schloss von der Parkseite her bei der großen Fontäne nach links und suchen die Klause der frommen Büßerin Magdalena: Dazu ist es sinnvoll, nach dem Besuch des

Apollo-Tempels die südliche Allee zurückzugehen, an der großen Fontäne nach links zu biegen und die Klause im Nordosten des Parks zu finden.

Die Suche nach dem berühmten magischen Memento-Mori-Platz hat ihren Sinn, eilen Sie nicht, genießen Sie den Weg und die Unsicherheit.

Dann steht der Ruinentempel vor Ihnen, an einer Stelle, die zumeist dunkel bleibt.

Der Tempel ist der heiligen Magdalena geweiht, also einer Frau, die Jesus besonders nahe stand.

Und so sind wir hier dem Kreuz ganz nahe, auf eine recht unerwartete Weise …

Übung:
Sie ist in Nymphenburg nicht schwer zu finden und zu verstehen: gehen, sich bewegen, intuitiv innehalten, zulassen, was der Geist gebiert bei dieser einmaligen Abfolge von Landschaftsbildern. Begehen Sie den Park wirklich im Sinne eines Pilgers, der seine Schritte bewusst setzt und Neues über sich selbst erfahren will.

Welche neue Sichtweise lasse ich zu?
Warum kann künstlich angelegte Natur natürlicher wirken als die Natur selbst? Zu welchem Grade der Nachschöpfung sind Menschen fähig?

Ausgangspunkt: Schloss. Eingangsbereich zum Garten, so genanntes Parterre.
Länge: Bei gehfreudigen Jakobspilgern mehrere Stunden möglich. Kurzfassung: Den Kanal auf und ab (etwa eine Stunde).
Anstieg: Keiner. Einige Hügelchen fallen nicht ins Gewicht.
Einkehr: Die Schwaige gleich an der Schlossmauer, der nahe Hirschgarten, viele interessante Lokale in Nymphenburg und Neuhausen.
Anfahrt: München. Die südliche oder nördliche Auffahrtsallee führen direkt zum Schloss.

9
Schäftlarn

Fühlbare Vergangenheit

Vergegenwärtigt man sich den bayerischen Jakobsweg mit seinen Stationen, fällt auf, dass viele in der Umgegend von Schäftlarn (siehe unter *www.jakobusweg.de*) liegen. Gibt es einen Zusammenhang alter keltischer Kult-Energie mit der heilenden Kraft der Jakobus-Gedanken-Welt?

Am tannennadelbedeckten Parkplatz, der den Anfang des Rundganges auf diesem eigenartigen Terrain aus haushohen Erdwällen, Gräben und gezielten Führungslinien ergibt, informiert eine metallene Tafel über die Birg. Viel klüger sind wir nach dem Lesen nicht, haben jedoch erfahren, dass bis heute kein genaues Wissen über Sinn und Zweck dieser rätselvollen Anlage, in der sich auch Hügelgräber aus der La-Tène-Zeit befinden, besteht. Vielleicht hilft uns die Sage weiter vom »Birgweibl« – und die Tatsache, dass die Birg genau auf dem bayerischen Jakobsweg liegt.

Alle Orte sind immer zugleich Weg- und damit Lebensstationen auf dieser Linie der Einweihung.

Die im Gelände der Birg auf wenigen Quadratkilometern findbaren kultischen Anlagen von nahezu beängstigender Kraft und zumeist linksdrehender Urenergie sind Ausdruck der Hochachtung unserer Ahnen vor der hier herrschenden Energie.

Das, was heute die in Mode gekommenen Familienaufstellungen in einer etwas krampfhaften Weise wiederzubeleben versuchen, war für die keltische Spiritualität Alltag: Begegnung mit den Vorfahren, lebendiger (!) Austausch mit Verstorbenen, auch bisweilen Vergebung.

In der Literatur über den Jakobsweg findet sich durchaus der Gedanke der Einweihung. Dass die Begegnung mit den Ahnen jedoch unausweichlich ist beim Weg ins eigene Ich und dann, dieses Ich überwindend, zu Gott, das steht nirgends.

Der Jakobsweg wird zumeist gigantisch unterschätzt: Pilgerpfad? Asketische Übung im Rahmen einer mittelalterlichen Bußpraxis? Modernes Walking im Sinne der Ich-Findung?

Er ist viel mehr. Wer »den Weg« geht, der begegnet der Zukunft, der Vergangenheit und entdeckt die (gehende, ver-gehende) Gegenwart neu.

Er begegnet den Ahnen, kann liebend verzeihen und damit begangene Fehler wandeln.

Der Jakobsweg ist auch der Weg des Ahnengedächtnisses. Und wir stehen hier mitten auf einer spirituellen Kreuzung.

Wir beginnen also den Weg durch die Zeiten, indem wir vom Parkplatz aus geradeaus schreiten und die Abzweigung nach rechts vermeiden. Wir begehen damit diese uralte Wehr-, Wall- und Kultanlage im Uhrzeigersinn. Auf diese Weise sind wir auf dem Rundweg, zumeist einem deutlich sichtbaren Trampelpfad oder schmalen Steg; sehen haushohe Erdwälle mit Senken und weiten Waldflächen sich abwechseln …

Bald gelangen wir auf ein hoch über der Isar gelagertes Plateau, auf dem die Spuren heute noch stattfindender Rituale überdeutlich sichtbar sind: Schwitzhütten, kleine Altäre, weitere Kultstätten, Steinkreise, rituell verlegte Stäbe, Orte der Begegnung nächtlicher Besucher, die, wenngleich nach der Aktivierung entfernt, für das geübte Auge sichtbar bleiben. Was für eine Energie!

Wir blicken hinab auf die Isar, die sich wie eine Schlange weit unten durch das Tal schlängelt.

Mir persönlich sind die herrlichen Moosflächen zwischen den hohen Bäumen der Birg am liebsten, ich vermeide den allzu nahen Kontakt mit den Kultstätten und Steinkreisen, die oft noch von der letzten Nacht herrühren.

Besonders lohnend ist jedoch immer ein Besuch nach der Vollmondnacht oder zu bestimmten keltischen Festen, denn dann sind diese Plätze durch wissende Besucher stark aufgeladen.

Um die Birg und ihren wahren verborgenen Charakter zu verstehen, sollte man die Sage vom Birgweib meditierend betrachten.

Einst hatte der Raubritter Sachsenhauser auf dieser magischen Anlage seine dunkle Burg. Als man die Festung dieses Tyrannen erobern wollte, hatten die Belagerer keine Chance, denn der Sachsenhauser besaß eine eigene Quelle, sodass im Inneren der Wehranlage niemals das Wasser ausging.

Da kam eine ortsansässige Hexe und gab den entscheidenden Rat. Man ließ ein Pferd, das man fast zum Verdursten gebracht hatte, nach Wasser suchen. Der Instinkt des Überlebens half dem Tier, die Wasserader zu finden. Das Burgwasser wurde vergiftet, Sachsenhauser musste aufgeben und verfluchte das Weib. Seitdem geht sie ihren Weg zwischen Schäftlarn und Baierbrunn.

Aussage: Es gibt hier Quellen, der Feinfühlige erspürt sie noch heute. Ein Besuch im Kloster Schäftlarn kann sich anschließen.

Übung:

Wir sind auf dem Weg, dem Jakobsweg, dem Weg zu den Ahnen – in diesem Falle auch zu keltischem Urwissen. Was liegt näher, als zu gehen? Gehen wir nicht nur den Rundgang, überschreiten die meterhohen Wälle: Gehen wir bewusst rituell, Schritt für Schritt. Kleine Schritte sind es, die riesige Entfernungen – auch Zeiten – überbrücken helfen.

Welche neue Sichtweise lasse ich zu?
Hier wird mir schlagartig klar: Alles war schon vor mir da, wird nach mir sein. Es gibt ein Leben nach dem Tod, denn der Tod, wie er mir durch Tradition, Religion, Machtstrukturen etc. beigebracht wurde, den gibt es nicht. Auch ich war schon da, bin und werde sein. Der Ort spricht zu mir.

Ausgangspunkt: Der kleine Parkplatz vor der Birg, am Ende des Forstweges, vor der großen bronzenen Hinweistafel.
Länge: Hin und zurück etwa ein bis zwei Kilometer.
Anstieg: Nicht viel. Wer aber das Areal richtig erkundet, wird immer wieder einen der Wälle hochklettern.
Einkehr: Mehrere Gaststätten in Schäftlarn, etwa das Gasthaus »Schlör«.
Anfahrt: Ab München Autobahn nach Garmisch A 95, nach dem Kreuz Starnberg bald die Abfahrt nach Schäftlarn. Durch den Ort, über das Bahngleis, dann gleich links abbiegen, sofort wieder rechts ab Richtung Forstweg.

10
Maisinger Schlucht

Das Geheimnis der Brücken

Der bayerische Jakobsweg ist eine Quelle des Wissens, des Wissens über das Geheimnis der Heilung und des Überlebens.

Mit diesem Bewusstsein machen wir uns nun auf zu einer Wanderung durch die Maisinger Schlucht.

Wir fahren von München aus nach Starnberg, dort Richtung Söcking und dann von der Söckinger Straße links ab Richtung Maisinger Schlucht/Wasserwerk. Vor dem Wasserwerk befindet sich ein kleiner Parkplatz.

Der Weg zieht sich erst über flaches, beruhigendes Wiesengebiet, eine ausgebaute flache Stelle am Fluss lädt zur ersten Brotzeit oder zum Innehalten ein und es fällt auf, dass die fortlaufende Anhöhe links, also die Uferböschung, die vor langer Zeit von wilden Urwassern in die Landschaft gesägt ward, als militärisches Sperrgebiet gekennzeichnet ist. Zufall?

Suchen wir nun die Marienkapelle auf, die sich bald, wenn wir einen kleinen Weg nach rechts abbiegen, für uns bereithält: Marienenergie am laufenden Wasser, stille Erdkraft, hineingegossen in die Schale der Landschaft, jenen Kelch, den das Wasser der Vorzeit für diesen magischen Ort bereitet hat.

Wir werden, bis wir die Schlucht durchschritten haben und am Maisinger See angekommen sind, einige Brücken überschreiten müssen. Eine Brücke führt zur Marienkapelle. Warum?

Dieser wunderschöne Platz ist erfüllt von heilenden Energien. Üben wir die Hingabe an die Madonna. Auch sie fügte sich in das Wollen der höheren Macht, jener Allmacht (All-Macht), die nur Gott sein kann.

Jeder wird hier für sich selbst die richtige Stelle finden. Ich persönlich bevorzuge einen kleinen Fleck rechts vom Eingang der Kapelle, ganz nahe am Wasser, dort, wo das fließende Element einen natürlichen Topf bildet.

Alle Energieformen, wie wir sie spüren können, sind hier und an den meisten Punkten der Schlucht entlang des Maisinger Baches recht erdend, ausgleichend, weiblich. Fast hat man den Eindruck, dass der quicklebendige, sich schlangenförmig windende Fluss das Männliche in dieser urtümlich schönen Landschaft darstellt. Wo doch die Schlange in der Geomantie fürs Weibliche steht.

Gehen wir weiter. Wir gelangen immer mehr in die tiefe Senke, die das flache Ufer das Baches bildet.

Rechts und links von uns stellen sich beeindruckende Felswände auf, Naturdenkmäler einer weit zurückliegenden großen Schmelze, Stein gewordene Ahnen der Eiszeit, die zumeist sogar die Sonne verdunkeln und nur ein schmales Stück Sicht auf den Himmel freilassen.

Konzentrieren wir uns auf die Brücken, denn es ist kein Zufall, dass so viele da sind.

- Eine Brücke ist eine Verbindung von A nach B;
- eine Brücke ist eine Hilfe, übers Wasser zu gehen, ohne nass zu werden;
- eine Brücke ist ein Symbol für etwas ganz anderes, eine Einweihung für den, der den Weg bewusst geht.
- Was alles wird mit Bücken über-»brückt«!
- Letztlich bedeutet »Brücke« auch die Gedankenbrücke, die Verbindung (pons cerebralis) der beiden Gehirnhälften. Ist die Brücke als Symbol dem Heiligen Geist nahe?

Gehen wir einfach weiter und lassen den Geist des Weges auf uns wirken. Jeder wird hier seine Stelle finden, zumeist liegen die besonderen Plätze etwas abseits des Weges.

Ist es diese Biegung des Flusses oder jene? Immer wieder lädt eine tiefere Stelle im Wasser (eine Gumpe) ein zum Sinnieren. Vielleicht ein kleiner Baum am Wegesrand, der erst wachsen muss und der uns plötzlich sagt, wonach wir lange schon suchen?

Der Ort beobachtet uns – und nimmt uns mit.

Wenn wir die Maisinger Schlucht nicht nur als Spaziergang zwischen Erde, Fels, Wasser und Luft betrachten (und ebendies ist das Schöne an Einweihungspfaden: Jeder hat etwas davon, auch der, der nicht tiefer dringen will, denn das Unbewusste dringt stets tiefer), wenn wir das Wasser nicht nur als Wasser oder Element, sondern als Symbol, wenn wir Brücken nicht nur als Verbindung von hier nach dort, sondern als Initiation sehen, die Zahl Sieben als Wert, Maria nicht nur als christliche sympathische Heilige und Gottesmutter, dann erschließt sich uns das ganze Mysteriums des Lebens.

Seien Sie offen für das Wunder der Schöpfung. *Lassen* Sie sich denken.

Vor allem hier, an diesem magischen Ort. Hier, wo Berg, Wasser, Schale, Becken und Madonna eins werden. Denken (besser: seien) Sie wie der blaue Himmel, der sich über die Szene spannt: unbeschreiblich, halb Materie, halb Licht, ein wenig Illusion, vor allem Geschöpf und Schöpfung!

Irgendwann öffnet sich die Schlucht, wir treten ins Freie und durchqueren bald das Dorf Maising. Interessant, wie das bisherige Mysterium des Weges hier kaum zur Wirkung kommt, das liegt sicherlich an der Nähe zur Straße. Nach kurzer Wegstrecke biegen wir an einem großen Bauernhof links ab Richtung Maisinger See, der Weg ist ausgeschildert. Wir staunen, wie der Charakter der Landschaft sich nun vollständig verändert hat: Ein weites, himmlisch einladendes Wiesenterrain, das sich nahezu bis zum Horizont erstreckt, tut sich vor uns auf. Alles wirkt heiterer, gelassener, dem Himmel nahe. So ist es auch.

Hier, beim Wandern auf dem lichtvollen Wiesenweg, zieht alles nach oben: ein Himmelstor.

Wir sehen bald den See und das Wirtshaus.

Bei schönem Wetter holt man selbst die Brotzeit und sitzt auf einem hohen Wall, der Teil des Seeufers ist. Alles dort ist wunderschönes Naturschutzgebiet.

Ein Rundgang um den See lohnt allemal, man soll jedoch die Vögel nicht stören und nicht vom Weg abweichen.

Einheimische erzählen, dass der See »schwimmende Inseln« hat und dass aus dem Schlamm Gesichtsmasken hergestellt werden. Die ölige Konsistenz bewirkt Schönheit: Ist nicht alles schön, was natürlich bleibt? – Auch das ein Gedanke auf dem Jakobspfad.

Wer mag, kann den Weg durch die Schlucht bewusst zurückgehen oder weitergehen bis zur S-Bahn nach Possenhofen und von dort eine Station zurück nach Starnberg fahren.

Übung:
Wenn wir schon am See sind und falls es Sommer ist: schwimmen (sich treiben lassen). Hinterher bewusst über Wurzelwerk steigen, die Knie dabei übertrieben hoch anheben. Das soll ein Gefühl für das »Überschreiten« (des Grenzbereichs, der Brücken im doppelten Sinne) ergeben.

Welche neue Sichtweise lasse ich zu?
Nichts ist nur so, wie es ist (zu sein scheint). Es existiert eine Welt hinter der Welt. Und die ist stark und wirkungsvoll, sie wirkt beständig, ob ich daran glaube oder nicht. Warum also diese Macht nicht ernst nehmen und integrieren?

Ausgangspunkt: Parkplatz bei dem Wegweiser zur Maisinger Schlucht.
Länge: Ca. fünf Kilometer
Anstieg: Keiner.
Einkehr: Ein hervorragendes Lokal direkt am Maisinger See. Im Sommer idealer Biergarten mit Seeblick.
Anfahrt: Ab München Autobahn Garmisch A 95, beim Kreuz Starnberg rechts ab nach Starnberg. Dort Richtung Söcking. Von der Söckinger Straße links ab Richtung Maisinger Schlucht, Wasserwerk. Parkplatz.

11
Herrsching

Ein Himmelstor zu Füßen des heiligen Berges

»Die Schlüssel zu den wahren Schätzen des Lebens sind nicht Allerweltsware, billig auf den Straßen zu haben. Sie werden sorgsam aufbewahrt durch die Zeiten hindurch und sind Menschen anvertraut, die um die Kostbarkeit des Schatzes wissen und sein Geheimnis nicht preisgeben und verraten ...«, schreibt Abt Odilo Lechner OSB in seinem Buch »Sehnsucht nach dem Geheimnis«.

Herrsching, an der westlichen Seite des Ammersees, liegt direkt auf dem bayerischen Jakobspfad – und das mit gutem Grund: denn energetisch ist Herrsching kaum zu überbieten. Viele Feinfühlige haben diese unüber»fühl«bare Tatsache längst bemerkt. Eine sehr weltliche Folge davon ist die Tatsache, dass Herrschinger Grundstückspreise das Niveau gehobener Münchner Stadtteile längst erreicht haben. Das energetische Niveau am Ammersee ist jedoch dem Münchner Energiefeld bei weitem vorzuziehen. Und es ist ja auch kein Zufall, dass der Ammersee systematisch von keltischen Kultanlagen umrahmt ist – wissende Druiden haben die energetischen Möglichkeiten vor tausenden von Jahren schon erkannt. Und die (derzeit sehr stark aktivierte) Uttinger Keltenschanze ist, nebenbei gesagt, immer einen Abstecher wert für den, der am Ammersee weilt.

Selbstverständlich gehört auch Andechs, das Benediktinerkloster auf dem heiligen Berg jenseits des Kientales, jene spirituelle Hochburg, wie sie energetisch fühlbar strahlend hoch über Herrsching südwestlich dräut und den weltbekannten Turm in den Föhnhimmel hineinragen lässt, zu den wichtigen Kraftplätzen. Andechs sendet Energie weit ins Land hinein. Das bierhallenselige Image ändert nichts daran oder die Reaktion der meisten Menschen auf den Namen Andechs: »Aha! Bier!«

Das alles bringt Geld und ist ein perfektes Ablenkungsmanöver von den wirklich wichtigen Dingen. Die Marienenergie und der unübersehbare keltische Ursprung der Andechser Gesamtanlage sind für die eigenartige, aber so angenehme Herrschinger Atmosphäre mit verantwortlich.

Allerdings ist am Ufer des Ammersees die Energie sanfter und lieblicher als oben auf dem heiligen Berg.

Die Hauptstraße führt direkt zum See und zum großen Dampfersteg. Rechts davon erstreckt sich ein Seeufer-Biergarten, wie er einladender nicht sein kann. Für mich ist das Seeufer weitaus weniger belastend als oben die Klosteranlage. Da der Jakobsweg jedoch immer auch an Orten starken Glaubens Halt macht, empfehle ich dennoch den Gang zur Andechser Madonna.

Gar manche Parallelen zum spanischen Jakobsweg tun sich dann auf und man sollte wissen, dass der (vorchristliche) Einfluss der schwarzen Madonna hier nicht weit ist.

Die Andechser Madonna ist keine schwarze Madonna, man sollte sich jedoch einmal die Mühe machen, die Botschaft ihrer Augen zu verfolgen: Wohin weist dieser Blick, der nur ins Leere zu gehen scheint?

Das Geheimnis von Madonnen, die meist an magischen Orten stehen, die lange vor christlicher Zeit von wissenden Druiden gefunden und aufgeladen worden sind, ist nämlich der eigenartige Blick. Das scheinbar glasige »Ge-Schaue« der zumeist sonderbar starren Augen ins Nichts fixiert einen gewissen Punkt. Finden Sie den Punkt und Welten tun sich auf.

Zudem hat Andechs eine Schatzkammer von überwältigender spiritueller (auch magischer) Wirkung und der Bezug zu den Kreuzzügen, den Tempelrittern und damit auch der Gralssuche drängt sich förmlich auf. Immerhin werden hier drei schwarze (!) Hostien verehrt: Seit wann sind Hostien, dieser höchste symbolische und rituelle Ausdruck für den Leib Christi, mehr noch, für einen gläubigen Christen sind Hostien der Leib des Herrn und Erlösers selbst, seit wann ist so etwas Reines und Heiligendes schwarz?

Das ist nur einer von vielen Gedanken, die sich um den Schatz von Andechs ranken, um jene Kleinodien aus der Schatzkammer – die übrigens direkt neben dem Kreuzungsgitter der Schlangenlinien aus keltischen Kraftpunkten liegt.

Doch genießen wir nun die wunderbar-heilende Kraft des Herrschinger Uferwegs. Seine lichtvolle Atmosphäre macht es dem Pilger leicht, mit offenem Herzen zu wandern und sich zu wandeln. Begeben wir uns vom Dampfersteg, Blick zum See, nach rechts, also zunächst nach Norden. Der Weg führt durch einen der schönsten und friedlichsten Biergärten Bayerns in den malerischen Kurpark mit dem immer sehenswerten, türmchengekrönten Künstlerschloss, das zugleich ein Wahrzeichen von Herrsching bedeutet. Spüren Sie die wundersame, kreative Energie im gesamten Umfeld? Wir gehen weiter. Der Weg geleitet uns bald über die erste Brücke, über deren symbolische Bedeutung wir bereits in der Maisinger Schlucht nachgedacht haben. Wir wissen längst, dass der Begriff Brücke mehr sagt, als von einem Ufer zum anderen zu gelangen.

Nun, am Segelclub vorbei, erwarten uns bald riesengroße Weiden, die den Weg säumen und großzügig Schatten spenden. Hexenland.

Bald passieren wir eine zweite Brücke, gelangen in die Nähe der Straße, von der aus an dieser Stelle eine Abzweigung nach rechts (Breitbrunn) führen würde. Wir halten uns jedoch scharf links, sodass wir immer auf dem Weg in unmittelbarer Nähe des Ufers bleiben.

Jetzt ist uns ein großzügiger Blick über die Herrschinger Bucht gewährt und im Osten, hoch über der Hügelkette, ist im Herbst, wenn das Laub gering ist, die Kirchturmspitze von Andechs zu sehen. Wir gehen weiter und bewundern links von uns all die stilvollen Villen, bis der Weg an einem »Spitz« endet.

Dort, in der Nähe des Leuchtfeuer-Mastens, finden wir einen versteckten Eingang ins Unterholz und gehen etwa zweihundert Meter durch dichte Auenlandschaft. Dann sind wir zwischen Wasser, Himmel und Erde und folgen einer schmalen, verlandeten Furt, die uns scheinbar ermöglicht, übers Wasser zu gehen. Immer in Richtung zu dem leicht geneigten Kreuz, das etwa hundert Meter weit von uns weg im Wasser aufragt.

Dieser Platz, unmittelbar am Ende der Auen und zu Beginn der Furt, ist ein wahres Himmelstor. Durch das Gehen sind wir offen und können, wenn wir innehalten, die Kraft des Himmels und die Kraft der Erde in uns spüren. Sie reinigt uns innerlich, nimmt Unheilsames mit und schenkt Lebensfreude. Man sollte sich die Mühe und das Vergnügen bereiten, in einer Vollmondnacht hier zu sein. Oder am Heiligen Abend, vor der Bescherung. Denn der Himmel schenkt hier ... sich selbst!

Die unglaublich Leben spendende Energie dieses Ortes ist auf seine Lage zurückzuführen: Kreuzt sich hier doch die Energielinie Schondorf-Andechs. Wie so oft beim Erkunden von magischen Orten steckt das so meisterhafte und geheimnisvolle keltische Wissen um Plätze, Kultorte und das Wissen um die räumliche und geistige Verbindung hinter der heilenden Energie, die uns sofort gefangen nimmt. Lassen wir es zu.

Herrsching, Breitbrunn, Buch, Stegen, Schondorf, Utting, Holzhausen, Riederau, St. Alban, Dießen, Fischen ... der Rundweg um den Ammersee führt von Heiligtum zu Heiligtum, von Keltenkultstätte zu magischem Ort. Ob wir gehen, radeln oder mit dem Dampfer einige der Orte aufsuchen – wichtig ist der Weg selbst, das Unterwegs-Sein!

Übung:
Gerade hinstellen, Arme gestreckt nach oben in V-Form. Nehmen Sie die Himmelskraft in sich auf und

leiten Sie diese ab ins Wasser oder in die weißen Steine, auf denen Sie stehen.

Welche neue Sichtweise lasse ich zu?
Die Sichtweise, die sich hier anbietet: Blick übers Wasser, Blick nach oben in den Himmel über dem See … überall Weite. Nichts engt ein. Das Wasser scheint uns durch die wundersame Furt zu tragen. Wir sind freier, wie wir es wissen und zulassen. Und immer trägt uns eine Kraft, auch wenn diese nicht unmittelbar sichtbar ist.

Ausgangspunkt: Dampfersteg und Schiffsanlegestelle Herrsching.
Länge: Der Weg zum Leuchtturm ca. drei Kilometer, hoch nach Andechs und zurück ca. sieben bis acht Kilometer.
Anstieg: Am See keiner, nach Andechs erträglich, aber einige hundert Meter. Erst durch ein Tal, dann den heiligen Berg hoch.
Einkehr: In Herrsching der »Seehof« am Steg oder viele andere gepflegte Lokale im Ort und an der Seepromenade. In Andechs das Bräustüberl.
Anfahrt: Ab München Autobahn A 96 nach Lindau, ab Gilching rechts ab Richtung Weßling, durch Weßling hindurch weiter nach Herrsching.

12
Inning

Eine Kirche der Wandlung

Wie gleißende Perlen einer wunderbaren Kette liegen die einzelnen magischen Orte des *camino* aufgereiht, sei es zwischen Passau und Starnberg, sei es zwischen Schondorf und Wessobrunn, Raisting und Lindau.

Inning verwöhnt uns mit einer überraschend spürbar anziehenden, weil mit heiligem Magnetismus geladen Madonnen-Kirche, deren erhebende Energien den willigen Ankommenden mit sanfter Gewalt hochtragen wollen.

Die Geschichte von Inning offenbart schnell, dass eine hier vielfach spürbare Kraft nicht von ungefähr kommt. Ist es Zufall, dass die Geschichtstafel des Ortes, auf halber Höhe des Kirchhügels, ziemlich genau auf einer Energielinie liegt? Und gleich auch der Hinweis, dass wir uns im Hoheitsgebiet keltischer Kultstätten bewegen, in unmittelbarer Umgebung von Hügelgräbern, Vierecksschanzen und spirituellen Einzelfunden aus der Zeit des großen Wissens, des immer gültigen, sorgfältig bewahrten und versiegelten Ur-Wissens unserer längst dahingegangenen Ahnen.

»Als Anfang des 6. Jahrhunderts die Bayuwaren den Würm- und den Ammergau besiedelten, setzte die Landnahme und die Gründung des Ortes Inning ein«, so erfahren wir. Der Kraftort Inning wurde, lange bevor er so hieß, erkannt und genutzt. So auch im hohen Mittelalter. Um das Jahr 1150 ist bezeugt, dass die Feste Schlossberg eine Stammburg der Herren von Seefeld gewesen sei.

Die St.-Johannes-Baptist-Kirche auf dem Hügel nimmt den Besucher sofort gefangen. Und auch ohne zu wissen, was der magische Platz vermag, auf dem er steht, wird der Ankommende sehr weise vorbereitet und geläutert.

Ein keltischer Krafthügel wird als Friedhof genutzt. Im südlichen Teil des besonderen Gottesackers steht eine wundersame Kapelle mit strahlendem Madonnenbild im Inneren, die den Ankommenden willkommen heißt. So wird das Ankommen zu einer Art Initiationsweg. Wir begehen in wenigen Minuten nicht nur eine Kirche, sondern wir erfahren Einweihung.

Was heißt Weg? Gehen, unterwegs sein, Bewegung. Alles bewegt sich und indem wir uns bewegen, wird uns der Kern der Dinge klarer. Wir selbst werden bewegt – und wir bewegen.

So ist jede Kirche neben der Stein gewordenen Einladung zum Verweilen auch immerzu auf die Bewegung hin ausgerichtet. Wir haben unseren Platz oder wir gehen.

Kirchen sollte man stets linksherum begehen, denn links ist die weibliche, also die abladende Seite. Auf dem Lande sitzen heute noch die Frauen links, die Männer rechts.

Und so wollen wir die Kirche von Inning, die Pfarrkirche St. Johannes Baptist, gehend und verweilend erfahren:

Energetisch klug scheint es, durch das linke hintere, schräg angesetzte Portal den Sakralraum zu betreten. Die Schönheit und der Bilderreichtum, vor allem jedoch die auffangende, heilende Energie offenbaren sich unmittelbar. Dies ist keine Kirche, die Angst macht, Macht suggeriert! Hier wird nichts gemacht, sondern zugelassen. – Es ist eben eine sehr weibliche Kirche.

Laden wir uns ab, lassen wir Sorgen und Trauer hier, immer auf der linken Seite. Schon begegnet uns eine schmerzliche Madonna, die ihr Herz hält und eindringlich auf dieses zeigt.

Und die Sprache der Kunst sagt uns: Hier, genau an diesem Ort wirst du verstanden, egal mit welchem Anliegen du angekommen bist.

Als Nächstes begegnet uns ein Jesus am Kreuz. Kreuze werden so oft missverstanden, denn sie sind ausgesprochen anspruchsvoll in der Art, wie sie Deutung verlangen, wenn nicht gar Deutung fordern:

Hat Gott seinen Sohn, also sich selbst (!), geopfert, um sich mit seiner Schöpfungskrone, der Menschheit (wiederum einem Teil seiner selbst), zu versöhnen?

Wer hier Schwierigkeiten hat, der möge immer an das überwundene Kreuz denken. Christus/Gott will/wollen uns sagen, wenn »es« ein Kreuz ist in unserem Leben: das Kreuz ist bereits überwunden. Ein oft tröstender Gedanke.

Die Schwierigkeit mit dem Kreuz hatten auch die Templer und hoch spirituelle, sektiererische Gruppen des Mittelalters, die letztlich das Kreuz und Jesus besonders ernst nahmen. Und in vielen wunderbaren Madonnenkirchen Spaniens und Frankreichs fehlt das Kreuz gänzlich, da das Leben, das Gebären und die Hingabe an diese Mysterien, also die Madonnenkraft, überwiegen.

Mein Tipp: an einem Kreuz einfach stehen und alle Gedanken zulassen. Es sind immer die richtigen.

Eine wunderbare Denk-Hilfe sind hier an diesem Inninger Kreuz die flankierenden Figuren: Florian, der Nothelfer, und Amor mit dem Pfeil. Also die Liebe.

Der Hauptaltar empfängt uns, sobald wir bei der weiblichen, aufnehmenden Macht alles Belastende abgegeben haben, mit einer hell gleißenden Madonna mit dem Kind. Das silberstrahlende Ensemble der puren Lebens- und Liebesfreude eines hingabevollen Künstlers wird durch einen kraftvollen Weltenschöpfer überhöht, der in schier unglaublich dynamischer Bewegung über der Maria sein Werk tut.

Hier vor dem Altar erfährt jeder, dass das Leben weitergeht und dass es eine wunderbare Anderswelt gibt, die auf uns wartet.

Und auch der reinigende, aufnehmende Gedanke der Taufe, das Eintauchen in Welt und Welten, wird hier links an der Wand beim Taufbecken klar in seiner tieferen Bedeutung.

Der Rundgang durch eine durchdacht gebaute Kirche: links beim ewig Weiblichen abgeben, vorn bei Gott aufladen und dann rechts, an der männlichen Seite, geläutert neue und gesunde Gedanken mitnehmen.

Das ist ideal unter der Kanzel rechts vorn im Hauptschiff möglich: die Kanzel als wissend gesetztes Symbol der aufladenden Erdkraft, die in den meisten von Wissenden gebauten Tempeln den energetisch kräftigsten Punkt des gesamten Kirchenraumes darstellt. Direkt unter der Kanzel steht eine Topfpflanze. Der

Kenner sieht an dem kräftigen, sattgrünen Wuchs und der sich munter nach oben spindelnden Art des Wachstums sofort, dass es ein energetisch gesunder Platz ist; ein linksdrehender Kraftort auf einer Drachenlinie, die ja auch manchmal als Wachstumslinie bezeichnet wird.

Das monumentale, stark nachgedunkelte Bild nahe der Kanzel zeigt ein zentrales Motiv dieser Kirche auf dem Jakobsweg – und überhaupt des Jakobsweges: das Unterwegs-Sein.

Hier ist es die Heilige Familie, die wandert, schreitet, deutlich irgendwohin will. Der Weg ist unser Ziel.

Bekannt für die Kirche von Inning (und mit einem herrlichen Bild im Internet zu sehen) ist die Figurengruppe »des Heiligen Wandels« (ein wunderbarer alter Ausdruck für heiliges Wandern, Pilgern) auf einer Vortragestange im Hauptschiff. Maria, Josef und Jesus unterwegs, wandelnd, wandernd, pilgernd.

So wie wir.

Wandern, Unterwegs-Sein als Leitmotiv dieser Kirche: Wer wandert, der erlebt Wandel, Wandlung (= Änderung!).

In etwa drei Metern Höhe an der rechten Wand eine Figurengruppe, den heiligen Wendelinus zeigend. (Aufgepasst: Wendelinus – Wandelinus – Wenden – Wandern …)

Beenden wir den Rundgang unter der Orgelempore, der Ruhezone. Entlassen Sie Ihre Gedanken.

Wer unterwegs ist, sei es auf dem Jakobspfad oder wo immer, der soll auch ruhen. Gehen und verweilen, wie das Leben eben.

Das Ammerseegebiet, ebenso wie das östliche Gebiet des Starnberger Sees, darf mit einer Schaltzentrale verglichen werden; von hier aus speist sich ein bayernweit hochaktives Netzwerk von Macht, Heilung und anders genutzter Kraft.

Dieser mit einer Starkstromgewinnungsanlage vergleichbare, das Land versorgende spirituelle, aber auch materielle Transformationsverbund wird sehr bewusst gesteuert und gespeist – von denen, die Bescheid wissen!

Dies gilt eben auch für die exponierten Kirchen auf dieser Linie: Man kann die Gotteshäuser betend, kunstgeschichtlich interessiert, historisch erleben – oder eben die ganz besondere Sprache lernen, die jedem Tempel einbeschrieben ist!

Übung:
Arme seitlich vom Körper wegstrecken, das Kreuz in einem selbst fühlen. Nun die Arme lockern, leicht schütteln, beide Hände zum Herzen führen, dann gebend-abgebend nach oben öffnen: das Kreuz überwinden.

Welche neue Sichtweise lasse ich zu?

Das Kreuz ist zugleich die Überwindung des Kreuzes, das Kreuz ist in sich selbst paradox, eben durchkreuzt. Maria hilft Lösungen finden, hilft beim Wandel, bei der Wandlung: Das Weibliche, Aufnehmende, Gebärende, Bewahrende ist stets um mich – denn es ist wesentlicher Teil der Schöpfung.

Ausgangspunkt: Die sehr fundierte Tafel mit der Beschreibung des Ortes und der keltischen Wurzeln auf halber Höhe des Kirchberges, links vom Haupteingang zum Gottesacker.
Länge: Fällt hier nicht ins Gewicht. Es sei denn, man nutzt einen der empfohlenen Rundgänge der näheren Umgebung, zum Beispiel Richtung Bachern am Wörthsee.
Anstieg: Fällt nicht ins Gewicht.
Einkehr: Schräg gegenüber der Kirche der »Dorfwirt«. Oder viele andere Gaststätten längs der Straße.
Anfahrt: Ab München Autobahn Lindau B 96, bei der Ausfahrt Grafrath bzw. Herrsching die Autobahn verlassen, dann südlich (Ammersee-Ostufer) Richtung Herrsching nach Inning. Die Kirche und der Kirchhügel liegen in der Ortsmitte direkt rechts der Straße.

13
Schondorf

Heilige Orte mit dem Wissen der Ahnen

»Es genügt nicht, nur zu existieren; wir wollen als vernünftige Geschöpfe leben. Doch um zu leben, müssen wir wissen, und um zu wissen, müssen wir lernen; und hier liegt ein weites Feld offen vor uns, wenn wir es nur betreten wollen, um von ihm die Früchte der Erleuchtung zu pflücken. Wir wollen daher keine Zeit mehr in dem dunklen Kerker der Unwissenheit verlieren …«

Der Text stammt aus einem wundersamen Buche mit dem einfachen Titel »Gedankenformen«, das im Jahre 1908 in Leipzig verlegt wurde. Liebe Freunde von mir, die ich im Zuge der Erforschung und Erfahrung der geistigen Kräfte des Jakobsweges kennen lernen durfte, haben es mir übergeben. Und da es keine Zufälle gibt, liefert der alte Band wesentliche Erkenntnisse über Schwingungen und Gedankenformen, die zu verstehen und zu durchdringen die Aufgabe eines jeden echten Pilgers sein sollte. Wer einen Pilgerweg bewusst beschreitet und dabei speziell auf einem Teil des Jakobsweges unterwegs ist, auf den wirken Gedankenkräfte, die bereits lange vorher »installiert« wurden. Und diese Wirkung besteht, egal ob der Betreffende von den Kräften weiß oder nicht, ob er an sie glaubt oder nicht.

Wir haben die Autobahn Lindau, von München kommend, bei Greifenberg verlassen und fahren das Ammersee-Westufer entlang. Damit sind wir direkt auf dem bayerischen Jakobsweg; wer weite Strecken zu Fuß gehen will, der wählt hier den so genannten Höhenweg, der sich an weiten Teilen des Sees erstreckt.

Die Kirche St. Anna mit dem für die Gegend typisch lang gestreckten und spitz-zwiebeligen Turm hoch oberhalb von Schondorf grüßt von weitem schon. Sie wurde im Jahre 1499 erbaut und bereits durch ihre exponierte Lage ist jedem Wissenden klar, dass sie an einem magischen Ort steht.

Wir wenden uns nach rechts, überqueren ein Bahngleis und fahren über mehrere Ecken und Rundungen immer auf den Kirchturm zu. Unterdessen machen wir uns bewusst, dass ein Kirchturm stets eine Pfählung der Erdkraft bedeutet und einen Sender zugleich. Den Empfänger zum Sender zu suchen lohnt sich immer, auch wenn man anfangs etwas Übung braucht, um ihn zu erkennen.

Wenn wir an der Kirche angekommen sind, sollten wir dem zum See hinweisenden Teil der Friedhofsmauer nähere Beachtung schenken. Wie unglaublich stark ist hier die Erdkraft!

Das hat allerdings Gründe, denn wir stehen auf einem alten Keltenwall, wie der schlanke Höhenzug, der die Friedhofsmauer trägt und der sich nach Norden hin fortsetzt, beweist. Mehr noch. Hier ergaben Grabungen Funde aus der Merowingerzeit; in einem Haus neben dem Friedhof fanden sich da, wo heute die Küche ist, seltsame Grabbeigaben eines Geschlechts, das so rätselhafte Kräfte besaß.

Zufall oder nicht? – Die Menschen, denen ich an der Friedhofsmauer begegnete, gaben bereitwillig, fast hastig Auskunft.

Genießen wir einfach diese hebende, tragende Energie, die so gar nicht zu einem Friedhof zu passen scheint.

Ich empfehle, sich auf eine Bank zu setzen oder an die Mauer und die »vorhandenen Gedankenformen« aufzunehmen. Dann teilt der Ort sich ebenso mit wie seine Geschichte und das Wissen der Ahnen.

Bei der Kirche scheint mir der Außenbereich am interessantesten, dort, wo ein mystisches Marienbild die Wand neben dem Eingang ziert. Marienenergie ist heilend. Sie haben sich bereits mit den Gedankenformen hier verbunden und sind wirklich an dem Ort angekommen. Spüren Sie nun, wo Sie in sich der Heilung bedürfen, und bitten Sie Maria darum.

Das Innere der Kirche ist schlicht, heilig und zumeist verschlossen. Wozu?

Ahnen Sie bereits, wo der Empfänger zur St.-Anna-Kirche ist? Richtig. Die St.-Jakobs-Kirche.

Die Jakobskirche, ebenfalls in Schondorf, ist das energetische Gegenstück zu St. Anna: Ist die letztgenannte hebend, sich auf dem Berge er-hebend und ein typisches »Stargate«, so ist die Jakobskirche, gleich in der Nähe des Dampfersteges und damit des Wasserspiegels, schon von der Lage her erdend, dem Wasser nahe, also dem Weiblichen Element sehr zugetan.

Die männliche Benennung St. Jakob für die erdende Kirche bzw. die weibliche Bezeichnung St. Anna für das dem Himmel verbundene Gotteshaus ändern daran nichts.

»Lege deine Sorgen in den Kelch und lass sie eins werden mit Christus …«, so hat es mir ein weiser Geistlicher einmal gesagt.

Mit dessen Wissen im Hinterkopf können wir uns nun zur Jakobskirche aufmachen, mit dem Wagen oder zu Fuß hinab zum Dampfersteg.

Am Steg stehend, wenden wir uns, nachdem wir den malerischen Blick genossen haben, zurück und sehen die original romanische Kirche, augenfällig schlank, mit hoch in den Himmel ragender, runder Apsis im Osten und burgerhaben das Gesamtensemble.

Wie kommt dieses Bauwerk, das, einer Inschrift nach, um das Jahr 1156 entstand und der einfühlsamen Illustration zu einem Gralsmythos entstammen könnte, hierher nach Schondorf?

Wir stehen staunenden Auges und mit weitem Herzen vor der Kirche St. Jakob: einem der Edelsteine in der spirituellen Perlenkette nicht nur des bayerischen Jakobsweges, sondern des gesamten geistigen und weltlichen Pfades zum Sternenfeld am Atlantik.

Treten Sie durch das schwere Eisentor in den Tempel. Denn nichts anderes umfängt Sie nun. Heilige Hallen.

Schon fällt der Blick auf eine erhabene Mariendarstellung, hoch an der Wand gegenüber. Achten Sie auf die Augen, die Finger. Die linksdrehende Energie, die dieses Bild auszeichnet, gilt für den gesamten Innenraum, der, Gott sei Dank, mit dem natürlichen, behauenen Stein belassen ist und wenig sonstigen Schmuck zeigt. Hier arbeitet der Raum als Klangkörper der Seele, er ist ein Instrument, das, bei richtiger Spielweise, heilige Schwingungen nach oben schickt – und in Ihr Herz.

Sehen Sie die als Fresken aufgebrachten Templerkreuze an allen Wänden?

Lehnen Sie sich an die kühle, steinerne hintere Wand im Westen, das ist hier möglich, da diese Wand, ein Resonanzkörper, nicht mit Kirchengerät verstellt ist. Schauen Sie zum Altar vor, lassen Sie die überlebensgroße Jakobsfigur (mit fünf Muscheln) auf sich wirken. Fühlen Sie die Vibration des Steins und lassen Sie sich wandeln.

Das eben ist der einbeschriebene geheime Sinn des *camino*. Wohin sonst kann er führen als zu den Sternen.

Schließen Sie irgendwann, an Ihrer Lieblingsstelle stehend, die Augen: Hören Sie das kosmische Ur-Brummen, jenes geheimnisvolle Raunen der Schöpfung, das hier besonders gut an-klingt?

Stellen Sie sich den gesamten Jakobsweg vor, von Passau bis zum Bodensee, weiter bis Spanien, als eine Linie auf der Karte und auf der realen Weltenebene. Sie stehen auf dieser Linie, sind in Verbindung mit allen heiligen Plätzen und selbstverständlich mit Gott.

Abschließend empfehle ich, die breitrandige Raute mit dem Innenpunkt zu studieren. Sie befindet sich über dem Altar, also über der hölzernen Jakobusfigur. Sie sehen dann ein Bild: Jakobus als Pilger. Darüber: die Raute. Ist es Zufall, dass das Herrschaftszeichen der Raute (alle magischen Orte in Bayern liegen in Schnittpunkten gerader Linien, die, sich schneidend, das Rautenmuster ergeben), dass dieses Symbol eines verborgenen Wissens über Jakobus prangt?

Umgehen Sie die Kirche anschließend außen, bleiben Sie oben auf dem Krafthügel, nahe der Kirchenwand.

Wo ist die Erdenergie besonders stark? Fühlen Sie selbst, seien Sie offen, was der Ort Ihnen noch zu sagen hat, was Wandlung in Ihnen erfahren will. Wesentliches ist oft nicht in Worte zu fassen. Es geschieht einfach. Lassen Sie es zu.

Übung:
Ich forme mit den nach oben geöffneten Handflächen einen Kelch und fülle ihn mit Jakobus-Energie. Die kommt von oben, woher sonst. Deshalb die nach oben offene Kelchform.

Welche neue Sichtweise lasse ich zu?
Die Wandlung! Wandlung, wandern, Weg, Jakobsweg. Die Kirchen sind Orte der Wandlung. Und sie sind Orte, an denen man sich in die Gedankenformen unserer Ahnen, in ihr Wissen einklinken kann durch Hingabe, durch Beten.

Die Erkenntnisse des Weges zu den Sternen, sie führen immer wieder zu vor-christlichem Urwissen, zu einer Ahnung, was die Ahnen geahnt haben.

Ausgangspunkt: Der kleine Parkplatz unmittelbar unter der St.-Anna-Kirche und der Schiffsanlegesteg von Schondorf am Ammersee.
Länge: Alles ist in unmittelbarer Umgebung.
Anstieg: Der keltische Hügel bei der Jakobskirche ist nicht besonders hoch. Etwa 30 bis 50 Meter.
Einkehr: Viele gute Lokale mit Seeblick in unmittelbarer Nähe. Auch ein Brotzeitstand rechts unterhalb der Jakobskirche mit freundlicher, auskunftsbereiter Bedienung.
Anfahrt: Autobahn München-Lindau A 96, Abfahrt Ammersee-Westufer, Richtung Greifenberg. Dann das Westufer entlang, bis Schondorf. Die St.-Anna-Kirche ist weithin sichtbar. Etwa in der Ortsmitte geht es dann links ab, bergab Richtung Dampfersteg zur Jakobskirche.

14
Der Schatzberg

Heilende Quelle mit lebendiger Vergangenheit

Schon der Name verspricht Wertvolles – und er hält noch mehr. Es findet sich die Bezeichnung Iringsberg. Die Iring waren ein geheimnisvolles und kaum erforschtes Herrschergeschlecht in der Zeit der Huosi (5. bis 8. Jahrhundert vor Christus), ein Vorläufergeschlecht der Andechser. Sicher ist, dass sie Meister im Umgang mit den Energien des Ortes waren, was auch am Iringsberg/Schatzberg seine Bestätigung findet.

Gleich südlich von Dießen, in Richtung Raisting, geht es rechts den Schatzberg hoch. Wir folgen den Schildern Richtung Schatzbergalm und parken dort den Wagen.

Schon die Fahrt hin zur Schatzbergalm »hebt«. Man fühlt sich auf dem wundersamen Hochplateau getragen und tatsächlich über den Dingen. Auf der Schatzbergalm angekommen, genießen wir die Stimmung vor dem hoch gelegenen Wirtshaus mit dem kleinen Biergarten. Links am Haus vorbei würde ein längerer Wanderweg zur Mechtildisquelle hinführen.

Besser ist es jedoch (und so haben es uns auskunftswillige Ortskundige auch geraten), wenn wir nach der Einstimmung auf der Schatzbergalm zurückfahren nach dem kleinen Ort St. Georgen, etwa auf halber Höhe des Schatzberges gelegen.

Wir finden hier einen kleinen Parkplatz inmitten eines Buchen-Zauberwaldes, der uns sofort gefangen nimmt. Die auffallend hoch und schlank gewachsenen Baumstämme geben dem Kenner sogleich Aufschluss, dass wir uns auf Quellgebiet bewegen.

Auch finden wir bald ein nach rechts weisendes Schild »Mechtildis-Quelle« und folgen ansonsten dem stilisierten »K«, das in regelmäßigen Abständen auf Baumstämme gemalt ist und für den König-Ludwig-Weg steht. Dieser ist streckenweise mit dem Jakobsweg identisch.

Wir folgen dem Zauberweg, der in leichten Bögen auf und ab führt, auch über einen kleinen Bach hinweg. Die Brücke möge uns wieder an die Verbindung beider Gehirnhälften erinnern. Zulassen!

Und dann winkt eine kleine Kapelle, eingebettet in den Wasser und Leben spendenden Hang; ihr ist ein ganz eigenes Strahlen einbeschrieben, besser: umschrieben, denn das Licht scheint hier nicht von innen zu kommen. Stehen wir vor dem Gemäuer mitten im Wald, staunen wir über die Kühle im Inneren des alten heiligen Gemäuers.

Wie so oft bei meinen Beschreibungen magischer Orte entdecken wir, dass auch hier eine christliche Kapelle auf einem alten Energieplatz steht. An magischen Orten und auf Wegen der Kraft vermischt so vieles sich. Denn das wahre Wissen war »vorher« da. Und dies Vorher leuchtet als matter Widerschein aus dem blind gewordenen Spiegel der Jahrhunderte zu uns herüber. Doch es ist da. Ohne Bindung an jede Zeitvorstellung.

Sie sollten unbedingt das Wasser der Mechtildisquelle probieren und die Augen auswaschen. Der typische Aushang »Kein Trinkwasser ... alles auf eigene Gefahr ...« fehlt auch hier wie bei allen Wunderquellen Bayerns nicht. Was heilt und was umsonst ist, wird wie so oft verboten oder zumindest mit einem Angst machenden strengen Hinweis versehen. Wie sonst ließe sich mit künstlich und chemisch produzierten Medikamenten Geld verdienen?

Das bodenkühle Wasser der Quelle hat stark linksdrehende Energie und wirkt sehr vitalisierend und aufbauend, wenngleich nicht für jedermann.

Eine alte Inschrift, die mit »Mechtildisbrunnen« überschrieben ist, gibt Auskunft:

»Diese Quelle ist ein Abfluss des Brunnens in der alten Burg Schönenberg, wo die heilige Mechtild anno 1127 geboren wurde und in ihrer Jugend oft hier getrunken hat. Diesem Wasser wurde ehemals große Heilkraft, besonders in Augenleiden, zugeschrieben. 1869 wurde die Quelle hier gefasst. Renoviert 1885.«

Dass wir uns hier nicht nur an einem liebenswerten Brünnlein, sondern einem klassischen magischen Ort befinden, wird schnell klar, wenn wir den Rundwall nördlich der Kapelle, nur einen Steinwurf entfernt, betrachten: eine kreisrunde Senke mit wallartigem Anstieg zu den Außenrändern hin, innen mehrere Schwitzhütten auf Plätzen mit sehr, sehr erdenden Energieflüssen. An diesem Platz kommt kaum jemand zufällig vorbei.

Der Ort vermag sich noch zu steigern, wenn wir einige hundert Meter nach Nordwesten schreiten: ein gigantischer keltischer Rundwall mit steil ansteigenden Außenwänden, schließlich ganz genau am richtigen Fleck ein Monument: die Reste der Sconeburg, direkt auf dem Keltenwall. Eine Inschrift mit erklärendem Text bringt das Jahr 1248. Jetzt wissen wir, welche (Kelten-)Kraft in die damalige Burg zur Zeit Kaiser Friedrichs II. einfloss und damit in die Vorgeschichte von Andechs.

Wir sollten den Wall einmal umschreiten, um festzustellen und zu fühlen, wie schnell hier die Pole wechseln. Eine Naturbatterie!

Vielleicht wollen Sie noch die Burgkapelle anschauen, die angeblich aus Trümmern der ehemaligen Sconeburg besteht. Ich empfinde die Energie dort als sehr abladend und bin eher vorsichtig. Gehe lieber ins Licht, und das im doppelten Sinne: Nach der wuchtigen Keltenenergie der beiden Ringwälle heißt es eine frei liegende Wiese zu finden, wobei wir uns in Richtung Peißenberg wenden, ziemlich genau nach Süden. Das Waldstück, das uns auf die weite Freifläche entlässt, ist hier eigenartig geschmückt: Hohe Baumriesen wurden mit magischen Zeichen und Graffiti bemalt, die offensichtlich die Naturwesen zeigen (und bannen?), wie sie hier das Terrain beherrschen.

Lassen Sie das energetische, okkulte Weltentheater der Burgkapelle auf sich wirken und Sie treten dann hinaus auf die Wiese, die nach den interessanten, aber dunklen Mächten wie eine Erlösung wirkt.

Ein derartig gigantisches Energie-Plateau habe ich noch nie erlebt. Und wenn Sie an einem Ort mit solcher Vergangenheit Ihre persönliche Stelle erfühlt haben, dann können Sie sich – um einen zeitgemäßen Ausdruck zu gebrauchen – einloggen in den Gedankenschatz unserer Ahnen.

Gedankenformen! Viel zu wenig machen sich Menschen bewusst, was es mit dem menschlichen Gehirn an großen Urgeheimnissen auf sich hat. Zu welcher »Weite des Denkens« der Geist fähig wird, wenn am richtigen Ort durch die Hinwendung zur höheren Macht Kraft spendende Kanäle geöffnet werden.

Heute ist es in der Medizin erwiesen, dass ein Gehirn, wenn es durch Meditation oder Hinwendung zu Gott »alpha-energetisiert« wird, sich Dingen öffnet, die wirklich un-denkbar sind: aber eben erfahrbar und erlebbar. Vor allem heilend. – Da dies so neue Wissen über den Geist auf geheimnisvolle Weise sehr, sehr alt ist, wirkt es auf Seelenpfaden wie dem Jakobsweg unbewusst *in* uns. Der Weg selbst wird zur Weihe, zur Ein-Weihung.

Wir können die versteckten und verschlüsselten Gedankenformen der Ahnen mit dem überaus weisen Vorgehen in der Natur vergleichen. Denn was tut diese, wenn sie Lebenskeime über die kalte Zeit des Winters hinüberretten will? Sie umgibt sie mit einer harten Schale oder versetzt in tiefen Schlaf, der auf die Erweckung durch den Frühling harrt.

So ist es mit geistigen Strömungen auch. Sie schlafen, um geweckt zu werden, wenn die Zeit gekommen ist. Ähnlich dem Wissen, das sich in Märchen verbirgt:

»Sie bilden sich eine Formen- und Formelsprache heraus, durch die höchste geistige Werte auch dem Unverständigen und Unmündigen weitergegeben werden können, bis ein Geschlecht heranwächst, in dem die Keime sich zur neuen Blüte entfalten mögen«, sagt Werner von Bülow in seinem Buch »Die Geheimsprache der deutschen Märchen« mit dem aufschlussreichen Untertitel: Ein Beitrag zur Entwicklungsgeschichte der deutschen Religion.

Übung:
Stellen Sie sich hin wie ein Pfahl. Legen Sie sich flach auf die Erde und lauschen Sie den Stimmen von oben und unten. Machen Sie eine weit ausholende und einsammelnde Bewegung beider Arme zum Herzen hin: Ich lasse die alten Denkformen zu!

Welche neue Sichtweise lasse ich zu?
Alle Gedankenformen, die sich mir an diesem Ort aufdrängen. Es sind immer die richtigen. Vielleicht wird mir an diesem heiligen Ort das Märchen von Schneewittchen klar. Was bedeutet der Glassarg, der lange Schlaf? Was bedeutet der Schlaf von Dornröschen in der Dornenhecke? Welches schlafende Wissen wartet?

Seien Sie der wach-küssende Prinz, warum nicht!

Ausgangspunkt: Der kleine Parkplatz im Buchen-Zauberwald, etwa auf zwei Drittel der Gesamthöhe des Schatzberges, gleich nach St. Georgen.
Länge: Zwei bis drei Kilometer insgesamt.
Anstieg: Etwa 500 Meter.
Einkehr: Schatzbergalm. Gutes Essen, prima Aussicht, gute Auskunft, sehr freundlicher Service.
Anfahrt: Autobahn München-Lindau A 96, Abfahrt Ammersee-Westufer, Richtung Greifenberg. Dann das Westufer entlang, durch Schondorf, Utting, Riederau bis Dießen, hier am Ortsende rechts hoch Richtung Schatzbergalm, später dann Parkplatz gleich nach St. Georgen.

15
Raisting

Ein moderner Zeittunnel

Magische Orte in Bayern! Schon viele Jahre überlege ich, ob eine so weltliche Anlage wie das strahlende Feld aus Satellitenschüsseln ganz in der Nähe der südlichen Spitze des Ammersees in eine Sammlung erlebbarer Kultorte gehört.

Die Sende- bzw. Empfangsanlage von Raisting liegt jedoch so unübersehbar auf der magischen Perlenkette des Jakobsweges von Passau zum Bodensee, dass es dieses Mal fast ein Muss ist. Die häusergroßen Satellitenschüsseln sind von mehreren Punkten der näheren Umgebung – etwa dem Schatzberg, von Pähl oder der Anhöhe vor Weilheim, vom Starnberger-See-Ostufer her kommend – in eigenartiger Weise landschaftsbestimmend. Es ist letztlich eine kultische Anlage, die sich vor uns auftut!

Dort wird sehr stark die »Jakobus-Energie« fühlbar: sternenförmig ausstrahlend, wie die Finger einer Hand oder wie eine Muschel. Raisting ist, so seltsam das klingen mag, ein Ort aussendender Jakobs-Energie …

Schon der Name: Rais-ting, Thing-Platz, keltischer Kultort! Raisting, genauer, das südliche weite Feld unweit des Dorfkerns ist ein Energie- und Sende-Feld von enormer Wirkung. Nur ist das dortige Geschehen so offensichtlich (Empfangen von Impulsen aus dem All, Abgeben gezielter Energieformen in den Äther), dass man das Wesentliche leicht übersieht.

In Raisting geschieht dasselbe wie bei einer Keltenschanze: Es wird mit den Mitteln der strahlenden Energie manipuliert und transformiert. Nur sind die Mittel (scheinbar) neu. Neu im Sinne von hoch technisiert, elektrisch, Stahlenfeld-bewusst.

Wer sich nun klar macht, dass jenes weitläufige Erdfunkstellen-Areal, das heute sechsunddreißig gewaltige Antennenschüsseln mit Spiegeldurchmessern von sieben bis zweiunddreißig Metern birgt, dass dieser wahrhaft magische Ort eine Nachfolgesiedlung des römischen Urusa darstellt, dass genau hier Hockergräber aus der Frühbronzezeit (1800–1550 vor Christus) gefunden wurden, dem wird bewusst, dass alle Orte des Jakobsweges auf vorchristlichen Kultplätzen liegen, deren Energien, wie hier, nach einem Sender-Empfänger-Prinzip funktionieren und in ihre Umgebung strahlen. Und nicht umsonst heißt das finale Weg-Ziel compositum stellae (compostela), also Sternenfeld. Denn alles auf diesem Weg führt zu den Sternen, hinauf zur zeitlosen Seligkeit.

Über dieses uralte Prinzip wissen auch heute nur wenige Bescheid. Oder können Sie, lieber interessierter Leser, genau erklären, was inmitten der Raistinger Schüsseln zum All vor sich geht!

»Da werden Satelliten bedient«, höre ich sagen. »Dies alles dient der Nachrichtentechnik«, und so weiter. Aber es geht um mehr.

Betreten Sie das Areal, erden Sie sich bei der kleinen Wallfahrtskapelle mit dem schönen Namen »Sankt Jakob auf dem Felde«. Wir wandeln auf dem Pfad des heiligen Jakob und es ist wichtig, die Kraft von besonderen Plätzen auch dann zu erkennen, wenn sie augenscheinlich zu modern und gar nicht »heilig« wirken. Beobachten Sie die Vögel bei ihrem Flug über die Antennenschüsseln oder wie erfahrene Tiere in den Schüsseln nisten und die tödlichen Gefahrenzonen im Fokus meiden …

Um die Bedeutung Raistings auch nur zu erahnen, müssen wir uns, wieder einmal, vergegenwärtigen, dass Zeit nicht gleich Zeit ist. Die Zeit, die wir leben oder zu leben glauben, hat nichts zu tun mit der Zeitform, die wir nur ahnen oder durch den matten Widerschein eines getrübten Spiegels sehen dürfen und die wir Ewigkeit nennen.

Auch auf der Erde gibt es bestimmte Orte der Zeit zwischen der Zeit, gibt es so genannte Raum-Zeit-Tunnel. Oder wahre Zeit-Schleusen! Das bekannteste, auch unheimlichste Beispiel dieser Art in Bayern ist der Untersberg zwischen Berchtesgaden und Salzburg. Nicht umsonst zieht dieser Berg der Wandlung spirituelle Sucher und Weg-Finder aller Zeiten unwiderstehlich an.

Hier in Raisting stehen wir auf einem fühlbar mehrschichtigen Zeiten-Feld, erleben verschiedene Zeit-Ebenen gleich-zeitig … Das unweit von hier entstandene Wessobrunner Gebet berichtet: »Das erfragte ich unter den Menschen / als des Wissens Größtes: / dass die Erde nicht war / noch der hohe Himmel, / noch Baum noch Berg war, / noch irgendwas, / noch die Sonne schien, / noch der Mond leuchtete / noch das Meer war …«

Achten Sie weniger auf den Inhalt (darüber haben sich Generationen kluger Germanisten und Theologen den Kopf zerbrochen), sondern auf die Zeitebenen: Liegt das »Erfragen« vor, während oder nach der Schöpfung … und welches zeitliche Durcheinander begleitet die Erschaffung der Erde hier?

In der Bibel entsteht nach einem kreativen Machtwort Gottes (oder dem Urknall oder was immer für den, der es anders mag) die säuberliche und notwendige Trennung von Licht und Finsternis, Wasser und Land, oben und unten, Himmel und Erde. Und dann, dem Logos folgend, sich weise entwickelnd, kommt Leben auf die Erde.

Hier aber wird Baum und Berg genannt, dann die Sonne, als Letztes das Meer … Lesen Sie langsam und mit Bedacht, Zeile für Zeile.

Die Zeitenfolge ist ein Chaos, sowohl aus bibelgläubiger, noch mehr aus evolutionskundiger Sicht: Wie kann ein Baum da sein, dann erst die Sonne, die doch den Baum mit ihrem Licht nährt und die Fotosynthese bewirkt? Wie kann das Meer, das alles gebärende Urwasser, am Ende einer Entwicklungskette stehen?

Weil es eben die Zeit in unserm Sinne, Zeit als kausale Folge oder chrono-»logischen« Ablauf nicht gibt: Alles ist gleich-zeitig.

Alles ist. Ist im Sinne von Sein. Eigentlich gibt es gar keine Zeit in diesem All-Ein-Sein.

Und so »ist« es inmitten dieses Parabolspiegel- und Satellitenenergiefeldes von Raisting. Techniker erklärten mir in einem ähnlichen Sendekomplex, dass durch die enormen Geschwindigkeiten der Sendeimpulse von der Schüssel zum Satelliten und zurück tatsächlich Zeitverschiebungen auftauchen und zu bewältigen sind.

Stellen Sie sich in die Raistinger Himmelsfunkanlage, lassen Sie den Strahlensalat zu. Gehen Sie zwischen den Parabolspiegeln auf und ab. Hören Sie das Grundbrummen, fühlen Sie die Kommunikation mit oben und unten.

Warum tragen die Antennenschüsseln ausgerechnet Pyramidenkonstruktionen im Inneren, die zwischen Parabolspiegel und Empfangsgerät den Fokus herstellen?

Warum erinnern die zylinderförmigen Türme mit den nach oben gereckten Schüsseln an Sakralbauten, an gewaltige Dome? Und alles wird Ihnen klar.

Übung:

Botschaften nach oben, Botschaften von oben: Ich halte, aufrecht stehend, die Arme so, dass ich eine gedachte Schüssel umfange. Ich bin der Parabolspiegel. Ich lasse alle Gedanken zu, die auf mich einstürzen. – Vorsicht! Auf diesem Platz, da tatsächlich die Luft ein ätherisches Gewitter ist, ist dies eine Übung, die umwerfend sein kann (im wörtlichen Sinne, umwerfend).

Welche neue Sichtweise lasse ich zu?

Auch ich bin ein Sender, der ebenso beständig empfängt. Raisting: Das Offensichtliche verbirgt am meisten. Weil hier so sichtbar Botschaften ins All verschickt werden, ahnt keiner, was vor sich geht: Botschaften ins All, Botschaften vom All! – Aber andere Mitteilungen, als der Besucher ahnt.

Ausgangspunkt: Der kleine Feldweg, der geradewegs, immer genau nach Süden, zu den gewaltigen Antennenschüsseln führt. Es lässt sich aber auch im Schatten einer Antenne parken.
Länge: Einige Kilometer, denn das Umhergehen lohnt. St. Jakob im Felde unbedingt ergehen.
Anstieg: Keiner.
Einkehr: Nichts in unmittelbarer Nähe. Weiterfahren bis Pähl, dann bereits an der Kreuzung (rechts Richtung Pähl, links Richtung Herrsching) urige Lokale.
Anfahrt: Autobahn München-Lindau A 96, Abfahrt Ammersee-Westufer, Richtung Greifenberg. Dann das Westufer entlang, durch Schondorf, Utting, Rieden, bis Dießen, hier am Ortsende beim Schatzberg vorbei (siehe dort), etwas um die südliche Seespitze, Richtung Pähl; kurz danach die Abzweigung rechts nach Raisting.

16
Hoher Peißenberg

Das magische Energienetz wird sichtbar

Der Besuch des wahrhaft magischen Peißenberges, der uraltes Wissen um Erdkräfte birgt, wird zu jeder Jahreszeit von einem erhabenen Rundblick belohnt.

Ein erkennendes Schweifen der Augen führt auf die Südspitze des Ammersees im Nordosten, auf Andechs, vor allem auf die kosmische Einstrahlungsstelle Raisting mit den weißen Antennenschüsseln (siehe da), die so unübersehbar die von tellurischen Strömen durchwaberte Ebene dominieren; ein bewundernder Blick auf die Allgäuer Alpen im Südwesten, überhaupt auf die quer zum Süden sich erhebende Kette unverwechselbarer Bergmassive mit der schroff dominierenden Zugspitze – und auf unzählige Kirchtürme, die in allen Himmelsrichtungen hell aufleuchten.

In jedem Falle staunt der Ankommende auf der stets zugigen Anhöhe des Peißenberges über die Schönheit des Landes unter ihm, wer dazu jedoch weiß, wie magische Orte in Bayern ein strahlenwirksames Netzwerk bilden, der kann dieses materielle und spirituelle Netz nun wirklich sehen, indem er einfach die bekannten magischen Orte oder Kirchturmspitzen mit einem imaginären weißen Faden verbindet. Wird Ihnen klar, wie sehr Sie eingewoben sind, wie alles von einem imaginären Netz gehalten und getragen wird?

Der Jakobsweg öffnet die Augen, macht neue Zusammenhänge offensichtlich und lässt den Jakobspilger tiefer schauen und verstehen.

Wenn er die Schlangenstraße hochkommt, empfängt ihn gleich zur Rechten ein schlanker und irgendwo unheimlicher Sendemast; der pfählt eine Drachenlinie von enormer Kraft, ja erdenergetischer Brutalität, sodass es nicht ratsam scheint, sich dem Punkt allzu sehr zu nähern.

Gehen wir lieber weiter bis zu der Wallfahrtskirche, die von weither sichtbar ist, vor allem für den, der sich von Süden nähert. Wenn sie geöffnet ist, empfängt uns in ihrem Inneren überraschend dunkle Energie; mir persönlich ist die südliche Außenwand lieber, da, wo eine Sonnenuhr die schönen und hellen Stunden zählt.

Der Hohe Peißenberg schließt immer ein Wegstück ab, egal, aus welcher Richtung man kommt: Ich habe den Berg des Erkennens als Abschluss des Ensembles Schongau–Steingaden–Rottenbuch besucht, da mir die energetischen Vorübungen an den genannten Kraftstellen wichtig waren. Doch auch der Schatzberg oder Raisting sind mögliche Stationen vor dem Besuch des Königssitzes der Sender-Energien.

Der Hohe Peißenberg korrespondiert mit Dutzenden von Kraftplätzen. Wenn wir nun wissen, dass Keltenschanzen, wie etwa die von Utting am Ammersee, das Wetter beeinflussen, dann sehen wir die dominante Wetterstation im Nordwesten der höchsten Peißenbergerhebung mit anderen Augen.

Werden die komplexen Vorgänge auf der Erdoberfläche und in der Atmosphäre, die wir Wetter nennen, wird all dieses hier wirklich nur *beobachtet*?

Wir wissen: Das Wetter kann durch elektrostatische Aufladung stark beeinflusst werden. Wandeln Sie den schmalen Grat außerhalb des Zaunes bei der überdimensionalen Wetteranlage vorbei und spüren Sie die auffallend starke, für mich dunkle Energie.

Blicken Sie nach Süden, den schroff abfallenden Berg hinab. Keltenwälle ziehen sich, wie häusergroße Bugwellen, von unten nach oben und zurück. Wälle von solcher Masse, dass die Frage der Entstehung so rätselhaft bleibt wie die Frage nach der Konstruktion der Pyramiden.

Doch der Beobachter spürt: Hier wird immer schon das Wetter beeinflusst. Früher zum Nutzen der Bevölkerung des Landes, um die Eiszeit zu mildern.

Und heute?

Eine Stätte wie der Hohe Peißenberg mit dieser ideal exponierten Lage, mit dieser spürbaren Bündelung tellurischer Ströme war immer schon Kultplatz und wird immer Kultplatz bleiben – noch weit in die Zukunft hinein.

Derzeit sind hier eine christliche Wallfahrtskirche, verschiedene Sender- und Wetter(macher)-Stationen zu sehen. Wir erleben hier jedoch, dass die Welt hinter der Welt oft viel interessanter ist als die Welt selbst, die sich hier als postkartenseliges Stück Oberbayern präsentiert.

Übung:

Nur sehen. Ich stehe auf dem Berg gerade aufrecht, wie ein Sendemast. Auch empfehlenswert: Arme in V-Form nach oben recken, so bilde ich die Lebens-Rune. Ich sehe die verschiedenen Kraftorte Bayerns, sehe sie materiell, vor allem jedoch geistig, und verbinde sie mit dem imaginären weißen Faden. Das hat Wirkung. Ich spüre nun, wie ich von einem Netz gehalten werde und ich spüre die unbändige Kraft längst vorhandener Gedankenformen.

Welche neue Sichtweise lasse ich zu?

Sehen, was andere nicht sehen. Paradoxerweise ist gerade das unsichtbar, was so offen-sicht-lich vor mir liegt und mich umgibt. Ein uralter Gedankendom aus magischen Orten, Wunderwegen, Schlangenlinien und Drachenpfaden. Der Jakobsweg ist einer davon.

Ausgangspunkt: Parkplatz oben auf dem Hohen Peißenberg – direkt gegenüber der Wirtschaft.
Länge: Die verschiedenen Plätze ganz oben mit Blick in alle Himmelsrichtungen sind nicht mit großen Wegen verbunden. Wer will, kann den schmalen Grat an der Wetterstation vorbei wandern.
Anstieg: Gering, es sei denn, Sie wandern den gesamten Berg hoch.
Einkehr: Der Wirt gegenüber dem Parkplatz hat einen guten Schweinsbraten. Das erdet allemal, bei solchen Höhenflügen.
Anfahrt: Möglich ab München nach Starnberg, dann Weilheim, Richtung Füssen zum Peißenberg.
Sinnvoller, der Route unseres Jakobsweges folgend: Autobahn München-Lindau A 96, Abfahrt Ammersee-Westufer, Richtung Greifenberg. Dann das Westufer entlang, durch Schondorf, Utting, Rieden, bis Dießen, hier am Ortsende beim Schatzberg vorbei (siehe dort), über Raisting (siehe dort) nach Peißenberg, dann den Berg hoch (ausgeschildert Hoher Peißenberg).

17
Schongau

Ein geheimnisvoller Altar mit magischer Kraft

Schongau (ursprünglich Schönachgau) strahlt diese ganz gewisse »Jakobs-Energie« aus, eine heilende, dennoch oft auch fordernde, weil stets wandelnde Energie, die uns auf dem gesamten *camino* begleitet und die wir überall antreffen auf unserem äußeren Weg, der immer auch ein Weg nach innen ist, zur inneren Feinheit, die der Mensch erreichen und finden kann – wenn er eben »seinen Weg« geht.

Man sollte den Besuch Schongaus mit einem bewussten Spaziergang durch die Altstadt beginnen: durch das große Tor kommend, hier den alten Brunnen, dort ein bodenständiges Geschäft betrachtend, baut sich dann urplötzlich die zentrale Stadtpfarrkirche Mariä Heimsuchung vor dem Pilger auf. Der ideale Besuchstag ist natürlich der hohe Tag des Patroziniums dieses Gotteshauses: Mariä Himmelfahrt, der 15. August.

Betreten Sie das Areal, wie es die Kirche umgibt. Eigenartig neutral bleibt zunächst alles, doch an der Südseite, unter der Sonnenuhr, spürt man fast so etwas wie einen »Ruck«: Kein Wunder, denn wir haben die magische Linie passiert, auf der sich der romanische Altar befindet, ein Tempel im Tempel.

Allein dieser Altar ist den Weg hierher wert!

Beginnen wir das Erlebnis des Kircheninnenraumes mit dem fühlbar energetischen Kraftwerk, den dieser mit uralten Strahlungsenergien aufgeladene, tempelförmige romanische Steinaltar darstellt. Er steht dort, wo die seit dem 2. Vatikanischen Konzil »vorgezogenen« Altäre platziert werden müssen, markiert somit die Querlinie zum Chorraum und kreuzt genau eine starke Kraftlinie, die im Mittelgang parallel zu den Sitzreihen verläuft. Wir haben diese querende Energie bereits außen gespürt, nahe der Sonnenuhr.

Ich weiß nicht warum, doch dieses steinerne Mahnmal hat etwas von der verlorenen Bundeslade: eine mystizierende Ausstrahlung versteckter Kraft des Heiligen und Heilenden, wenn nicht gar des Allerheiligsten; ein von der Allweisheit des großen Schöpfers durchwobenes, verschlüsseltes Potenzial des Erkennens, das sich nur dem auftut, der sich dafür öffnet.

Dieser seltsame Steinaltar ruht auf vier Säulen und besitzt dazu eine massive runde Mittelsäule, die sichtbar und fühlbar das Zentrum der nach oben geleiteten Erdenergie darstellt.

Solche in weitem Radius abstrahlende, linksdrehende tellurische Energie, die von der rechtwinkeligen Kreuzung zweier Gitterlinien gespeist wird, bleibt nicht lange ein Rätsel.

Achten Sie auf das kleine massive Gitter inmitten dieser Säule und den damit umschlossenen Hohlraum: jene magische, scheinbar die Altarplatte abstützende Säule, die statisch überhaupt keinen Sinn gibt, ist in Wahrheit die geheime Kammer eines hochwirksamen Reliquienschatzes.

Mit den hier bewusst platzierten Reliquien ist und bleibt alles ein Geheimnis. Auch der offizielle Schongau-Kirchenführer gibt nichts Wesentliches preis, ergeht sich in Umschreibungen, das Ursächliche dieses Altares des Erkennens aber bleibt im Verborgenen vager Andeutungen: »Bei der Neuweihe des Altares 1997 wurden Reliquien eines der Augsburger Bistumspatrone, des heiligen Simpert, sowie des seligen Bekenners P. Rupert Mayer († 1945) und des seligen Märtyrers Otto Neururer († 1940) im ursprünglichen romanischen Reliquiengrab (hinter dem Gitter in der Mittelsäule) zusammen mit darin aufgefundenen unbekannten Reliquien verschlossen.«

Handelt es sich dabei bei den »unbekannten Reliquien« um Kleinodien der Kreuzzüge, die von den Templern mitgebracht wurden? Die enorme, fast unheimliche Abstrahlung dieses »Grabes«, wie der Kirchenführer statt »Altar« sagt, kommt nicht von ungefähr. Ein heiliges Grab?

Der Altar gewinnt umso mehr an Bedeutung, wenn der aufmerksame Beobachter bemerkt, dass die zur Mittelachse querende Kraftlinie von zwei Heiligenfiguren betont wird, die rechts und links des Altares erhöht an der Seitenwand stehen. Das ist rechts ein Johannes und links Jakobus!

Die Jakobsfigur trägt die traditionelle Wasserflasche, hält in der Linken eine Bibel, mit der Rechten umfasst sie fest einen langen Wanderstab. Folgt man dem Blick des pilgernden Heiligen (Inschrift: St. Jakobus MAI [?]), ergibt sich eine diagonale Linie direkt zum Kreuz an der linken mittleren Wand des Gotteshauses.

Alles an und in diesem Kirchenraum ist hebend, sogar der so sehr erdgebundene Steinaltar drückt nicht mit seiner sichtbaren Masse nach unten, sondern hebt, er-hebt Sinne und Seele.

Der Hauptaltar indes wirkt wie ein typisches Sternentor, ein nach oben öffnendes Theatrum Sacrum: Die Gottesmutter, über dem Tabernakel, auf einer Wolke stehend, schwebend, nach oben fahrend.

Darüber das Kreuz, in diagonaler Schräglage, von flatternden Putten gehalten und ohne Christus.

Das quer gestellte Kreuz ist selten, in christlichen Räumen allemal. Über diesem diagonalen Kreuz befindet sich eine Kugel, also die Welt – wie gesagt, eine eigenartige Symbolik für einen Kirchenraum.

Wundern wir uns nicht, stellen wir uns zum Taufbecken, denn dort ist die Energie warm, herzlich und gebend. Wie so oft bei Taufsteinen.

Verlassen wir alsdann den geweihten Raum, erinnern wir uns an die querende energetische Linie bei der Sonnenuhr und stellen erstaunt und schmunzelnd fest, dass genau an der wichtigsten Stelle ein Steinkreis auf dem Weg eingelassen ist.

Beim sinnierenden Weggehen möge uns ein Spruch im Gedächtnis bleiben, der im Gotteshaus sich bei der Krippe fand: »Was aus dem Menschen herauskommt, das macht ihn unrein« (Markus, 7,15).

Übung:
Stellen wir uns, so gut es geht, unter die Jakobus-Figur, ahmen wir die in Bewegung befindliche Körperhaltung nach – und blicken wir, wie er, zum Kreuz schräg gegenüber. Es ergeben sich dann überraschende Gedanken, Sicht-Weisen und eben, daraus folgend, Einsichten. Einfach zulassen.

Welche neue Sichtweise lasse ich zu?

Das ergibt sich (sichtlich!) aus oben Gesagtem: Wandernd, also wandelnd (in Wandlung) sehe ich das Kreuz, sehe es vielleicht neu. Jetzt sehe ich die Wandlung, den Höhepunkt eines Gottesdienstes, mit ganz anderen Augen, gewinne »einen Blick« für Mysterien.

Ausgangspunkt: Irgendwo in der Altstadt. Die Kirche findet sich allemal.
Länge: Bei Altstadtbummel etwa ein km.
Anstieg: Keiner.
Einkehr: Mehrere gewachsene Wirtschaften in der Altstadt, vor allem um den alten Marktplatz.
Anfahrt: Da Schongau und der dortige Geist mit der Templerkirche von Altenstadt in enger Verbindung stehen (beschrieben in Wunderwege in Bayern), sollte man über Altenstadt fahren: Ab München, Autobahn Lindau, bis Buchloe. Hier Richtung Süden abzweigen (Richtung Schongau). Jengen, Ketterschwang, Osterzell, Sachsenried, Altenstadt. Ab Altenstadt nach einem Besuch der Templer-Basilika ist's gar nicht mehr weit nach Schongau.
Schnellerer Weg: Ab München Autobahn Lindau A 96 bis Landsberg, hier abbiegen Richtung Füssen, bis Schongau.

18
Die Wieskirche

Ein Ort des ewigen Seins auf Erden

Die Wieskirche, ein göttliches Juwel auf grüner Wiese, ist die Wallfahrtskirche zum gegeißelten Heiland.

»Allda verspürte sie den 14. Brachmonath, als sie an dem Samstag Abends, und darauf folgenden Sonntag fruhe einige Tropfen in dem Angesicht des Bildnuß, welche sie vor Zäher haltete ...« (aus: Gnadenblum 1746, S. 24).

So wird das »Wunder in der Wies« geschildert, als die Bäuerin Maria Lory am 14. März 1738 das Tränenwunder des gegeißelten Heilandes (Zäher sind wohl Zähren, Tränen) mit eigenen Augen sah.

Beginnen wir die Pilgerreise zu dem magischen Ort, der die Wieskirche trägt, wo immer es uns danach dünkt. Dieser Weg ins ewige Sein auf Erden kann einige Kilometer in näherer Umgebung beginnen oder ganz nahe: zum Beispiel auf dem Parkplatz. Achten Sie immer auf die Energien, die um Sie herum fühlbar sind, auch auf einem Parkplatz. Es gibt da recht launige Überraschungen.

Auf dem kleinen ansteigenden Weg zur »Wies« sollten wir die unscheinbare Erhörungskapelle am Wegesrand keinesfalls übersehen. In deren Mitte ist ein stetig linksdrehender Wirbel zu spüren, eine Energiespirale, die fast schwindelig macht: Die großen Geheimnisse blühen eben oft im Verborgenen.

Überhaupt ist der ganze schmale, kurze Weg zur Kirche mehr als nur ein Weg. Jeder einzelne Schritt ist eine Vorbereitung auf das, was nun kommt, ein Ankommen, ein Da-Sein, ein Präsent-Sein für das Göttliche der Schöpfung, das fühlbar wird.

Schon allein die Vorhalle der Wieskirche ist den Weg wert: der gegeißelte Heiland, der uns sogleich empfängt. Er ist Ursprung und Grund dieser weltberühmten Wallfahrts- und Wunderkirche, auch oft genug beschrieben worden und abgelichtet. Wir achten deshalb nur auf die von ihm ausgehenden Schwingungen heilender und verstehender Energie.

Wie immer an Stellen, da uns ein leidender Christus begegnet, ist der von weisen Vorfahren gewählte Platz besonders abladend. Lassen Sie Ihre Sorgen hier.

Genau da, wo Jesus mit weit geöffneten Augen hinsieht, sollten Sie sein, körperlich oder in Gedanken. Folgen Sie dem Blick. Und geben Sie ab, was sie belastet. Lassen Sie los. Jesus hat genug gelitten. Das sollte doch nicht umsonst gewesen sein. Er trägt Ihre Sorgen für Sie mit.

Architektonisch, kunstgeschichtlich wäre über den sich nun für uns öffnenden Kirchen-(oder Himmels?-) Raum unendlich viel zu sagen. Doch unser Anliegen ist ein anderes, das der Wandlung. Die geschieht nicht mit dem Kopf über mehr Wissen, sondern dadurch, dass wir unser Herz öffnen, uns hingeben. Seien Sie nur noch Gefühl.

Für mich ist es immer wieder irritierend und amüsierend, in den angebotenen (durchaus gut gemachten) kunstgeschichtlichen Führern zu lesen: Fakten, Fakten, Fakten und kein einziger Hinweis auf das Wesentliche – für den Feinfühligen. Wir haben uns vorgenommen, die Welt neu zu sehen, als Entdecker magischer Plätze, als Beschreiter von Wunderwegen und als neue Jünger des Jakobspfades.

Blicken Sie offen und staunend empor zur Decke, finden Sie das Tor zur Ewigkeit. »Tempus non erit amplius«, so steht es über der noch geschlossenen doppelten Flügeltür: Zeit wird nicht mehr sein.

Wie wahr. Die Zeit ist schon hier nicht mehr, was wir glauben, dass sie sein sollte.

Sie, der Besucher, verharren, wenn Sie in der Mitte des Kirchenraumes stehen, in einer hochaktivierten Zeitschleuse, die spürbar nach oben zieht, hinauf in die »Zeit« der Ewigkeit, Zeit, die kein Vorher, kein Nachher, auch keine Gegenwart kennt, sondern nur unbegrenztes Sein.

Das Sein in Gott.

Über dem linken Seitenaltar finden Sie einen Spiegel und oberhalb des Altares einen gemalten Jakobsbrunnen. Wenngleich hier der biblische Urvater Jakob gemeint ist, gibt es keine Zufälle. Im Johannes-Evangelium findet sich folgender Abschnitt: »Da sagte die Frau zu ihm: ›Herr, gib mir dieses Wasser, damit ich keinen Durst mehr habe und nicht mehr hierher kommen muss, um Wasser zu schöpfen‹« (Joh. 4, 15).

»Zeit wird nicht mehr sein.«

Das eben ist die Jakobs-Energie, die wir an den heiligen Plätzen des Jakobsweges immer wieder entdecken. Zeitlosigkeit in der Zeit. Anders gesagt: der Hauch der Ewigkeit im Jetzt, Himmel auf Erden – nichts anderes will die Wieskirche uns zurufen; sie ruft dies mit jedem Stein, der in ihr von weisen Meistern verbaut worden ist, mit jedem Pinselstrich, der hier zum Ruhme Gottes getan wurde.

Ewigkeit – jetzt!

Beenden wir unseren Besuch der Wieskirche mit der erhabensten Stelle, was tellurische Ströme und Schnittstellen von Drachenlinien betrifft: Das ist allerdings nicht in der Kirche, sondern südlich davon, eben in der berühmten leicht geschwungenen Wiese, die der »Wies« den Namen gab. Nomen est omen. (Siehe auch Umschlag-Foto zu diesem Buch!)

Übung:

Formen Sie beide Arme zu einem Rundbogen und stellen Sie sich vor, dass dies die erhabene Himmelspforte sei. Das Tor zur Ewigkeit. Erinnern Sie sich: Zeit wird nicht mehr sein ...

Öffnen Sie dann die Arme, langsam, erhaben, himmlisch.

Das zu dieser Geste und den dazugehörigen Gedankenformen in Resonanz stehende Gefühl wird sich automatisch einstellen.

Welche neue Sichtweise lasse ich zu?

Ich entdecke den Hauch der Ewigkeit im Jetzt, den Himmel auf Erden. Die Wieskirche ist ein Ort ins ewige Sein auf Erden. Ich lasse diese Sichtweise zu, auch wenn ich sie vielleicht nicht gleich ganz durchdringe und verstehe.

Ausgangspunkt: Großer Parkplatz etwas unterhalb des sanften Wiesenhügels, der »die Wies« trägt. Besser: Kleine Einweihungs- und Erlösungskapelle, die so bescheiden links unten am Beginn des Weges zur Kirche liegt.

Länge: Etwa ein Kilometer. Wir sollten auf dem südlich der Wies gelegenen Wiesenstück konzentriert hin- und hergehen und unsere spezielle Stelle finden.
Anstieg: Etwa 50 bis 100 Meter.
Einkehr: Überall. Wo immer Sie hinkommen. Wir sind im Allgäu. Da isst man besonders gut.
Anfahrt: München Autobahn Lindau A 96 Richtung Landsberg, Schongau. Von Schongau über Steingaden oder Rottenbuch. Die Wieskirche ist gut ausgeschildert.

19
Weltenhügel bei Füssen

Himmelstor und Himmelsschlüssel

Auf der nun folgenden Station des bayerischen Jakobswegs erschließt sich uns die himmelgleiche Schönheit des Allgäus.

Bei Trauchgau suchen wir den kleinen Ort Ried, parken an irgendeiner Stelle und finden, ohne zu suchen, unseren Weg, der sich einen Hügel in nördlicher Richtung hochschlängelt. Wie schon an vorherigen Stationen ist die Pilgerstätte zugleich ein alter keltischer Kultplatz. Der Pfad gerinnt zum Erlebnis und zur Transformation – wie könnte es bei einem »Weg auf dem Weg« anders sein?

Es öffnet sich ein grandioser Rund- und Überblick über das Allgäu und eine geradezu berauschende Erdenergie ist fühlbar.

In Richtung Süden sind der Tegelberg und Säuling zu erkennen, dazu eher entrückt als entfernt und in dieser einmalig unerreichten Weise lockend, leuchtet für uns der magische Sitz Ludwigs II. aus dem verklärten Dunst der Sehnsucht: Schloss Neuschwanstein.

Warum sagt die Fremdenindustrie zu dieser Stätte der Einweihung, die ein wissender Wittelsbacher genau am kosmischen Einstrahlungspunkt errichten ließ, stets »Märchenschloss«? Der transformierende Zauber dieser Gralsburg ist trotz der Touristenströme gelebte Wirklichkeit!

Wir gehen den beschriebenen Hügel weiter hoch, etwa bis zum Scheitelpunkt. Wer gerne Keltenschanzen besucht, den wird die viereckige Anlage dort oben interessieren, obwohl sie nicht auf den allerersten Blick erkennbar ist. Am zentralen Punkt der Energiebündelung, einige Meter abseits der Kultanlage, ragt eine kraftstrotzende Eberesche in den Föhnhimmel. Die vitale Energie wartet nur darauf, sich an einen ankommenden Pilger zu verschenken.

Wie immer bei magischen Stätten: Man muss den Ort erkennen und an-erkennen. Dann öffnet er sich, nimmt einen mit und hält lebendige Zwiesprache.

So sehr dem Himmel nahe, empfiehlt sich im Anschluss an das Erklimmen des Weltenhügels der Besuch einer Kapelle, die uns, wenn wir gen Süden blicken, nicht nur durch die Harmonie fasziniert, mit der sie in der Landschaft, ebenfalls auf einem Weltenhügel, steht. Wir finden sie, wenn wir ein kurzes Stück Richtung Füssen fahren und vor Buching in Halblech die Peterskapelle erfragen.

Dort am besten den Hügel zu Fuß ersteigen, er ist nicht allzu hoch, bietet jedoch eine grandiose Rundsicht, eher wohl in den Himmel, denn in die Landschaft. Und es ist natürlich kein Zufall, dass dieses Himmels-Schloss dem heiligen Petrus gewidmet ist und in vielfacher Weise das Himmelsschlüssel-Motiv durchspielt.

Wer geübt ist, spürt nun auch die empfangende Energie, die von dem eben besuchten Weltenhügel, aber auch aus dem weiten Umkreis von Füssen hierher strahlt. Sender und Empfänger, es ist immer das gleiche Spiel.

Die weiße, frisch renovierte Wand der Westseite flammt geradezu theatralisch in einer sich senkenden Abendsonne auf, die zu Zeiten des schwindenden Tages genau so steht, dass das Eingangsportal als Lichtschleuse dient: Dann wird der Leben spendende Himmelskörper den gesamten Innenraum der Kapelle samt Altar in warmes rotgoldenes Licht tauchen.

Und über dem Eingang die gekreuzten Schlüssel: Symbol für Petrus mit der von Jesus verliehenen Schließ-Gewalt und zugleich hintergründige Symbolik, die wesentlich weiter führt als zu den Hinweisen an der Oberfläche – wobei das Wort Oberfläche wörtlich und zugleich übertragen zu verstehen ist.

Der Besucher möge aufgeschlossen in der wundersamen Kapelle umhergehen – ganz im Sinne der Petrus-Schlüssel geöffnet und sich öffnend – und dann an der rechten, südlichen Wand über die Schutzmantelmadonna nachdenken. Wir haben auf unseren Pilgerstationen immer wieder erfahren, wie sehr Jakobsweg und Madonna zusammengehören, wie weiblich-bewahrend der Grundgedanke dieses Weges nach innen sein muss.

Die Stelle mit der Himmelsmutter an der Wand ist nicht nur ein Himmelstor, sondern zeigt dies auch in mannigfaltiger, teils ver-schlüsselter Weise.

Vorn im Osten, auf dem Altarblatt, blicken Petrus und Paulus streng auf uns hernieder. Darüber die Taufszene mit Johannes am Jordan und über allem – der Geist. Vergegenwärtigen wir uns die Macht des Geistes. Genau um den geht es hier auf heiligem Hügel. Und schon sind wir wieder bei der heilenden Energie, die uns immer begleitet. Je mehr wir unser Bewusstsein für sie schulen, unser Vertrauen, desto heilsamer kann sie sich offenbaren. Gott zeigt sich in unserer tiefen Hingabe.

Der kleine ehemalige Pestfriedhof im Norden ist ebenso ein starker Kraftplatz dieses Weltenhügels, hier bündelt sich die Erdenergie mehr noch als in der Kirche – wie so oft. Der Platz ist sehr abladend, sehr reinigend. Wieder eine gute Gelegenheit, Belastendes loszulassen und Wandlung zu erfahren.

Übung:
Kreuzen Sie die Arme so, wie die Himmelsschlüssel auf mehreren Bildern zeigen. Dann lösen Sie das Schloss, öffnen die Arme mit befreienden, ausholenden Bewegungen.

Und öffnen sich selbst! Was hier in Sie einströmt, kann nur gut und göttlich sein.

Welche neue Sichtweise lasse ich zu?
Wie wäre es mit einem Gebet zu dem berühmtesten Mit-Apostel des Jakobus, den Schlüsselwalter Petrus?

Folgender Gebets-Vorschlag findet sich auf einem Zettel, der in der Kirche ausgelegt wurde: »Ihr heiligen Petrus und Paulus, bittet für uns.

Beschütze, o Herr, dein Volk, das der Fürsprache deiner Apostel Petrus und Paulus vertraut. (...) Zudem gewährt die Kirche demjenigen Christgläubigen einen vollkommenen Ablass, der eine Kirche oder einen Altar am Tag vor ihrer (seiner) Weihe besucht.«

Ausgangspunkt: Irgendwo in der kleinen Ortschaft Ried.
Länge: Etwa ein Kilometer.

Anstieg: Etwa 200 Meter.
Einkehr: Überall möglich und köstlich.
Anfahrt: München (Autobahn Lindau A 96) Richtung Landsberg, Schongau. Von Schongau nach Steingaden, dann Richtung Halblech, vor Trauchgau kommt Ried. Die Petruskapelle ist weithin sichtbar, ab Halblech Richtung Berghof.

20
Scheidegg

Kapellen der Wandlung

»Wege für Leib und Seele«, so ist das liebevoll gestaltete Faltblatt überschrieben, das der freundliche Herr am Kiosk von Scheidegg verschenkt. Ein Schmunzeln verrät, dass dieser Mann, quasi ein Wächter der Pforte zum Paradiesesweg, die Liebhaber magischer Orte und geheimnisvoller, wandelnder und damit die Tagesseele ver-wandelnder Wanderer schon an der Nase erkennt ...

Genauso ist es auch. Von Landsberg her kommend, über Memmingen, an Kempten vorbei, erreichen wir Scheidegg. Ein faszinierender Kalvarienberg, den ein Kreuz nochmals erhöht, erhebt sich links, bevor der Ort ganz erreicht ist. Wer einen guten Sinn für heilige oder magische Orte oder eben aufgeladene Punkte entwickelt hat, der erkennt die Kraft eines solchen Pilgerpunktes schon aus der Ferne.

Sie zeigt sich dem Übersinnlichen als eine Art abwartender Energie. Doch erst das Da-Sein bringt den Körper und die Seele in Vibration.

»Jakobsweg?«, fragen wir. Und wieder das wissende Lächeln. Ob wir frische Wiener mit Senf wollen, lautet die Gegenfrage. Nun denn. Es gibt hier Almdudler-Limonade, diesen österreichischen Zaubertrank, der von wahren Druiden gemixt sein muss und immer ein Verweilen wert ist.

»Da nauf«, heißt es dann. Angeblich wartet ein Kapellen-Rundweg auf uns. Was wir dann erwandern und sehen dürfen, ist allerdings viel mehr als das, was wir uns erträumt haben.

Vom Kiosk führt der Weg links hoch, zunächst nach Norden. Schon auf halber Höhe der ansteigenden, satten Almwiese gibt der Rückwärts-Blick ein atemberaubendes Panorama auf die Alpenkette im Süden frei.

»Da geht's zur Wendelinkapelle«, meint ein Bauer auf halber Höhe.

Wendelin ... das klingt mehr als interessant, denn immer wieder ist auf dem bisherigen Jakobsweg in den aufgesuchten Gotteshäusern neben der Figur des Jakobus selbst ein Wendelin aufgefallen oder die Figurengruppe des heiligen Wandels, etwa in St. Johannes Baptist in Inning am Ammersee. Und wir haben, wortmeditierend und uns für die geheime Botschaft der Benennungen öffnend, bald erfahren, dass Wandel und Wandlung, Wendelin, Wunder und eben auch Wandern ein Wortstamm sind – und damit ein Geist.

Mit solchem Bewusstsein, dass Wandern (ver)wandelt, nämlich die Seele und dann den Körper, geht sich's beschwingt voran: Der Weg führt an der Feriensiedlung Sauerland vorbei, biegt dann nach links und wir passieren imposante Nagelfluh-Felsen, die sich neben der Strecke aufbauen.

Irgendwann begrüßt uns, wenn wir wieder auf freier Wiese sind, ein Birnbaum mit eindeutig rechtsdrehendem Wuchs. Und da ist auch ein Schild, das uns zur Wendelinkapelle weist.

Wir wissen längst, dass nur das Weitergehen zum Ziel führt; in diesem Falle taucht dieses überraschend schnell auf: die Wendelinkapelle, auf einer weiten, sattgrünen Wiesenweide, sich weitend und zu sich bittend, gastfreundlich, aufnehmend wie der Himmel selbst – oder eben die Himmelsmutter.

Nicht zufällig steht in fast allen Kapellen, die uralte magische Orte mit christlichem Denkgut überhöhen, eine Madonna.

Schon von weitem fällt eine auffallend gerade gewachsene Linde in unmittelbarer Nähe der Kapelle ins Auge. Wieder ganz im Gegensatz zu ähnlichen Kapellenorten findet sich hier keine linksdrehende Energie, zumeist zeigt sich der Wuchs der Stämme eher leicht rechtsherum spindelnd oder gerade nach oben strebend – zum hellen Licht der Schöpfung hin.

Treten wir näher, sehen wir am linken der beiden Kapellenpfeiler, die das Dachl über dem Eingang tragen, einen leuchtend blauen Jakobsweg-Aufkleber.

Die Finger der Muschel zeigen nach unten, was so viel bedeutet wie: geradeaus weitergehen. In welche Richtung nun jedoch von genau dieser Stelle aus weitergegangen werden soll, das lässt der Sticker unbeantwortet.

Jedenfalls wurde die Kapelle als Teil des Jakobsweges benannt. Der feinfühlige Kenner magischer Orte würde diese so besondere Kraftlinien-Energie jedoch auch ohne Aufkleber spüren …

Auffallend ist die unruhige Energiewolke, die sich dort am westlichen Eingang erspüren lässt. Das zahlreiche Aufkommen von Wespen, die vermutlich unter dem Vordach oder ganz in der Nähe ihr Nest haben müssen, bestätigt dieses Gefühl.

Im Inneren der Kapelle zeigt das Altarblatt den heiligen Wendelin mit einem Wanderstab. So ist dies tatsächlich ein Ort des Verweilens und Wanderns zugleich, ein Ort der Ruhe und Statik, der paradoxerweise im Vorbeigehen genossen sein will.

Wir wissen längst, dass der besinnlich gegangene Weg, der wahre Pfad des Pilgers, nicht nur eine religiöse Tradition oder spirituelle Übung darstellt oder wenigstens durch den Weg geläuterte Gedanken freigibt – wie dies etwa beim Spazierengehen der Fall ist.

Nein, der Weg ist das Leben selbst, das irdische wie das ewige; Leben im Angesicht des unendlich großen und liebenden Welt(en)schöpfers, Leben und Geheimnis des Lebens, das wir hier mikrokosmisch erfahren dürfen, wenn wir einen besonderen Weg bewusst abschreiten.

Vielleicht befindet sich deshalb die heilige Magdalena an der linken Kirchenwand und eine »Maria vom guten Rat« über dem Wendelinbild.

Wer zu dem positiven Pol, den die Kirche darstellt, die negative Entsprechung sucht, der braucht sich bloß den Sendemast anschauen, der östlich des Altarraumes in den Himmel stakst, in unmittelbarer Nähe der Kirche. Handymasten-Energie! Was für ein Gegensatz, ja Gegenteil zur Schwingung des Altarraumes mit dem wandernden Heiligen.

Lassen wir uns an dieser schneeweiß getünchten Kapelle aufladen und gehen wir weiter. Wenn wir uns die Zeit nehmen, dann lädt einer der Scheidegger Kapellen-Rundwege dazu ein: »In alten Zeiten sind die Menschen von Quelle zu Quelle gegangen. Sie suchten für sich und ihre Herden Weide- und Ruheplätze. Später wurden an den Quellen Kapellen gebaut.«

Diese sehr interessante Kapellentheorie steht in dem liebevoll gestalteten Faltblatt »Wege« (erhältlich an dem Kiosk).

Darin werden dann auch die Kapellen genau benannt, die es in unmittelbarer Umgebung zu erwandern gibt: Katholische Pfarrkirche St. Gallus – Lourdesgrotte – Annakapelle – Evangelische Auferstehungskirche – weithin sichtbares Kreuz auf dem Kreuzberg – Galluskapelle – Kriegergedächtnis-Kapelle – Gallus- und Magnuskapelle – Wendelinkapelle – Marienkapelle – Katharina- und Antoniuskapelle – Martinakapelle – ökumenische Hubertuskapelle – Anna- und Joachimkapelle – Ulrichskapelle – Herz-Jesu-Kapelle …

All diese Kleinodien eines Teilstücks des bayerischen Jakobsweges sind für den, der Zeit und Lust hat, auf zweierlei gut ausgewiesenen Pfaden zu er-gehen: Dem so genannten »kleinen ökumenischen Kapellenweg«, dessen Länge mit ca. 2,7 Kilometern angegeben wird, und dem »großen ökumenischen Kapellenweg«, dessen Länge stolze 21,7 Kilometer beträgt (und der auch die Wendelinkapelle beinhaltet).

Es gibt jedoch auch immer die Möglichkeit, die einzelnen magischen Orte gezielt anzufahren, am Ort zu verweilen und von dort *den* Wunderweg zu entdecken.

Steuern Sie einfach dahin, wonach Ihnen heute der Sinn steht.

Das kann, wie hier auf der »Zauberschnur« des Jakobsweges, eine Teilverbindung zwischen zwei Jakobsorten sein oder auch ein Wegstück, das an ausgewiesenem Punkte beginnt, wie eben hier der Wendelinkapelle. Finden Sie Ihren ureigenen spirituellen Rundweg.

Es ist nicht not-wendig, den ganzen bayerischen Jakobsweg zu Fuß zu erwandern, um ein Erweckungserlebnis zu erhalten. Gehen Sie Ihren eigenen Weg. Suchen Sie Ihr spirituelles Ziel, suchen und entscheiden Sie ganz »aus dem Bauch« heraus, fahren Sie hin, lassen Sie zu, was auf Sie zukommt. Entdecken Sie, werden Sie gewandelt.

Und spazieren Sie hier, im Umfeld von Scheidegg und den Zauberkapellen, nach dem von Ihnen persönlich gefundenen Weg zu den Hasenreuter Wasserfällen (unweit des Kiosks, einfach die Straße überqueren), genießen Sie die abladende, reinigende Wirkung des klaren Flusses und des fallenden Wassers.

Stellen Sie sich auf die Brücke: Wie oft schon ist auf dem Jakobsweg eine Brücke begegnet? Denken Sie an die Verbindung beider Gehirnhälften (pons cerebralis).

Genau dies ist das Ziel des Weges, den Sie gehen wollen, in sich Harmonie zu schaffen, Frieden möglich zu machen.

Übung:
Beim Gehen, Schritt für Schritt, versuche ich die Gedanken zu verfeinern. Nur Gutes denken!

Welche neue Sichtweise lasse ich zu?

Der Jakobsweg führt, mit einigen Zick-Zack-Linien nach oben und unten, wie eine »Zauberschnur« von Passau bis Bregenz und Lindau. Ich werde mir bewusst, dass das bewusste Abschreiten eines Weges mich von der Seele her wandelt und ver-wandelt – wenn ich es zulasse. Aber die Gedanken müssen gut sein, denn Wandlung kann in jede Richtung geschehen.

Ausgangspunkt: Kiosk bald nach der Ortseinfahrt links an der Straße.

Länge: Zur Wendelinkapelle und zurück ca. drei km. Besuch der Wasserfälle ca. ein km. Rundwege siehe km-Angaben in obigem Text.

Anstieg: Etwa 800 Meter.

Einkehr: Die Würstl an dem Kiosk sind hervorragend. Und Almdudler-Limo wirkt stets bewusstseinserweiternd.

Anfahrt: Autobahn München-Lindau bis Landsberg, dann über Memmingen, an Kempten vorbei immer Richtung Lindau bis Scheidegg.

21
Lindau

Im Herzen ankommen

Wer an einem strahlend schönen, lichtdurchwobenen Sommertag in Lindau eintrifft, der hat in recht eigentümlicher Weise das sichere Gefühl des Ankommens – nicht nur geografisch, sondern auch im Herzen.

Das mag an der Insel und den immer positiven Energieformen des umschließenden Wassers liegen. Lindau ist eine Leib und Seele bergende Naturfestung, die über einen breiten Zugang erreichbar bleibt. Bald findet der stets in gespannter Erwartung dahinstrebende Besucher die Altstadt, ein sympathisches Sich-aneinander-Kuscheln verwinkelter Baulichkeiten, liebevoll verteilt auf einem die Seele streichelnden Areal, das zahlreiche positive Punkte aufweist.

Die heitere Gelassenheit der Erdenergien Lindaus überträgt sich sofort auf die Besucher der Bodenseestadt: fröhliche, lebensbejahende Erd-, Luft- und Ätherkraft bestimmt die Atmosphäre.

Lindau ist der Endpunkt des bayerischen Jakobsweges, doch eigentlich beginnt der Weg nun erst. So ist es mit jedem Weg: Er endet, weil ein neuer beginnt. Da also der Weg sich erfüllt, ist die Grundstimmung heiter, gelassen und gelöst.

Lassen wir das Wasser auf uns wirken, indem wir ziellos die herrliche Strandpromenade entlangbummeln oder irgendwo den Blick auf den See suchen. Denn die Muschel, das Symbol unseres Jakobsweges, ist schließlich untrennbar mit dem Leben spendenden Element Wasser verknüpft.

Stephan, der gesteinigte Lichtsucher, öffnete in Passau den bayerischen Jakobsweg und schließt ihn in Lindau.

Wir finden am Marktplatz, nachdem wir den eisernen Neptun-Brunnen genossen haben mit seiner reinigenden Energie, das Gotteshaus unserer Suche.

Der Dreizack Neptuns weist zum Himmel, der hehre Blick an der Kirche vorbei, die rechte Hand mit der Harpune Neptuns jedoch zeigt klar den Weg: Gehen wir schnell die wenigen Meter zur evangelischen Stadtpfarrkirche St. Stephan in Lindau am Bodensee.

Das Portal schwingt in dezenter Neutralität und lässt uns die hebende Energie im Innern nur erahnen. Tatsächlich ist dies sympathische Gotteshaus eine recht gelungene Mischung aus katholischer Energie, die aus romanischer Zeit rundbogenfest zu uns herüberfließt (1180 als Pfeilerbasilika konzipiert), und einer wohltuenden Schmucklosigkeit neuerer Denkweise.

Ich gebe es zu: Schmucklose Kirchen finde ich hinreißend. Gibt es etwas die spirituellen Sinne Hebenderes als den rohen, fühlbar schwingenden und zu uns sprechenden Stein alter romanischer Gottesburgen?

Es befremdet, dass eine evangelische Pfarrkirche einem Heiligen geweiht ist. Ein befreundeter evangelischer Pfarrer erklärt, dass hier (vor allem in Bayern) durchaus solche Ungereimtheiten möglich sind, weil die alte (katholische) Kirche schon vorher da war.

Trotz der lichten, geradezu froh stimmenden Ausstrahlung der Kirche und des Platzes ist das Grundthema ernst. Ist doch das Gotteshaus nach Stephanus benannt, dem ersten Märtyrer der christlichen Kirche.

Der sterbende Christus-Künder ist lichtdurchwoben auf dem mittleren Glasfenster des Chorraumes zu erkennen. Tödlich von dem Stein eines selbstgerechten Richters getroffen, streckt er im Dahinscheiden vertrauensvoll die rechte Hand Jesus Christus entgegen. Und damit seinem endgültigen Seelenretter.

Wunderbar der Begleittext in einer im Kircheninneren aufliegenden Broschüre: »Bei Christus darf ich mich im Leben und im Sterben geborgen fühlen. Falls mich jemand verletzt hat oder wenn ich jemand verwundet habe: Hier kann ich es Gott anvertrauen.«

Vielleicht schafft dieses genau hier in St. Stephan angebotene Urvertrauen die gelöste und zugleich lösende Atmosphäre?

Lichte Hoffnung erhellt den Tod und seine stets dräuende Palette des Ungewissen: Stephanus als Christus-Parallele. Der Tod als Überwindung des Todes.

In solcher Stimmung williger Hingabe sollten wir den Taufstein im Chorraum aufsuchen, er steht direkt auf der Kraftlinie, die sich in der Mitte des Kirchenschiffes vom hinteren Eingang bis zum Altar hinzieht. An diesem steinernen Taufbecken sollte man lange verweilen und sich die ständige Veränderung allen Seins bewusst machen, Geburt und Tod als natürliche Bestandteile des Lebens annehmen.

Hochinteressant ist auch das Dreieck mit dem sehenden Auge in der Mitte des obersten Jochbogens, direkt über der Kraftlinie. Es steht auf der Spitze, also Vorsicht.

Nicht weit von St. Stephan, einen Steinwurf weit südlicher, finden wir die Stiftskirche Mariä Himmelfahrt. Der inzwischen sensibilisierte Jakobspilger ahnt schon bei dem Namen, welche erhebende Energie dort spürbar wird. »Der Weg« weist bei einer Himmelfahrtskirche stets nach oben, wie könnte es, als krönender Abschluss des bayerischen Jakobsweges, auch anders sein?

Im 12. Jahrhundert wurde hier an hervorgehobenem Platze eine dreischiffige romanische Basilika erbaut, die 1728 niederbrannte.

Die heutige Wandpfeilerkirche aus hellem Sandstein errichtete dann ein Deutschordensbaumeister.

Wie schon an anderer Stelle sind es nicht die kunstgeschichtlichen und architektonischen Fakten, die uns primär interessieren. Wir wollen die Energien, Erdkräfte und magischen Kreuzungen am rechten Ort erspüren und Ikonografie sowie kunsthistorische Details lediglich als Hilfsmittel benutzen.

Beginnen wir im hintersten Teil der Kirche, an dem Punkt, der dem Altar am weitesten gegenüberliegt. Da ist eine recht absonderliche Marienkapelle, man sollte wohl besser Marienhöhle sagen. Alles hier ist bergend und zentrierend, schützend, aufladend – und doch irgendwie unheimlich. Das liegt an der spiralförmigen Energie, die den in gewölbter Mystik durchbeteten Raum durchwaltet und das eigene Gefühlsleben manchmal Purzelbäume schlagen lässt.

Diese Kapelle also bitte nur bei ausreichendem Stimmungspegel betreten.

Im Hauptschiff dominiert die strahlende Madonna den Himmel Bayerns, der in diesem Falle durch die weit gespannte Decke mit wunderbarem Fresko vertreten wird.

Und dann findet der bayerische Jakobsweg seinen Abschluss beim staunend-erfreuten Hochblicken an der linken Kirchenwand des Mittelschiffs: In etwa zehn Metern Höhe schreitet Jakobus.

Er hat uns auf unserem Weg begleitet, unserem Weg im Außen und unserem Weg nach innen. Und er wird uns weiter begleiten, weil er längst einen Platz in unseren Herzen gefunden hat.

Es gibt immer eine Welt »zwischen den Welten«. Anders gesagt: Das, was wir so bestimmt für unsere eigene Welt erachten, was uns unmittelbare erlebbare (und scheinbar einzig mögliche) Wirklichkeit erscheint, das ist stets nur die unseren Menschenaugen sichtbare Wirklichkeit. Es gibt Parallelwelten – und der Jakobsweg ist im wahrsten Sinne ein doppeltes Gehen: hier und anderswo, in der Da- und in der Anderswelt. So wie die Muschel als Symbol geheimnisvoll bleibt und aus der Tiefe kommt, ist und bleibt der Jakobsweg ein »Tiefenweg«, ein Pfad hinunter ins tiefste Ich der Seelenexistenz.

DEUS LO VULT: Gott will es. Was will er? Er zeigt es Ihnen. Sie gehen zu ihm hin, indem Sie einfach nur weitergehen.

Übung:
»Hier kann ich es Gott anvertrauen ...« Heben Sie eine Hand oder beide Hände nach oben (so wie Stephanus auf dem Kirchenfenster der evangelischen Kirche) und imaginieren Sie Jesus Christus. Egal wie: als Person, Licht, Liebe. Das Resultat wird Sie in Erstaunen versetzen. Er ist für Sie da, immer. Nach der Erfahrung dieser Übung werden Sie die Geborgenheit in Jesus spüren können, wo immer Sie sind, in welch misslicher Situation Sie auch sein mögen.

Welche neue Sichtweise lasse ich zu?
Wer wahrhaft und tief an Jesus Christus glaubt, der uns bereits durch das Kreuz erlöst hat, für den ist eine Verletzung der Seele oder der Sinne nicht möglich.

Ausgangspunkt: Großer offizieller Parkplatz vor der breiten Brücke, die mitten durch die Stadtmauer hindurch in die Lindauer Altstadt geleitet.
Länge: Schwer bestimmbar. Ein Stadtbummel kann ewig dauern.
Anstieg: Keiner.
Einkehr: Es gibt so viele einladende und wirklich gute Lokale in Lindau, dass die Entscheidung schwer fällt.
Anfahrt: Ab München Autobahn A 96 Lindau bis Lindau.

Donauwörth
Donau
Donauried
Donaumoos
Schrobenhausen
Ulm
Günzburg
Augsburg
Lechfeld
Lech
Dachau
Fürsten-
feldbruck
Inning
Schondorf
Maisinger
Schlucht
Memmingen
Herrsching
Iller
Kaufbeuren
Schatzberg
Schäftla
Starnbe
See
Raisting
Schongau
Hoher
Peißenberg
Bad Tö
Kempten
Wangen
Lindau
Scheidegg
Forggen-
see
Murnau
Wieskirche
Walche
see
Weltenhügel
bei Füssen
Bodensee
Immenstadt
im Allgäu
Reutte
Isar
Garmisch-
Partenkirchen
Oberstdorf
Dornbirn
Zugspitze
Hochvogel
Fernpass
Lech
Innsbruck
Imst
Bludenz
Landeck
Ö S T E R R
Brenner-
pass
Inn
I T A L
Meran
8 9 10 11 12 13 14 15 16 17 18 19 20 21